Romulus der Grosse

Zürich Schauspielhaus 1957

Friedrich Dürrenmatt

ROMULUS
DER GROSSE

EINE UNGESCHICHTLICHE
HISTORISCHE KOMÖDIE
In vier Akten

Edited by

H. F. GARTEN, D.Phil.

German Master at Westminster School

METHUEN EDUCATIONAL LTD

11 NEW FETTER LANE . LONDON . E.C.4

This school edition first published in Great Britain 1962
Reprinted 1965
Reprinted and revised 1968
Text © 1958 by Peter Schifferli, Verlags AG 'Die Arche', Zurich
Introduction and notes © 1962 by H. F. Garten
Reproduced and printed in Great Britain by
Latimer Trend & Co. Ltd.,
Whitstable
S.B.N. 423 82730 8
1.3

Contents

Acknowledgements

The editor and publishers wish to thank Verlag der Arche, Zürich, for their help, and the Schauspielhaus, Zürich, for their permission to reproduce a photograph of their production of the play.

Introduction

I. FRIEDRICH DÜRRENMATT

(a) *His Background*

'Ich habe keine Biographie', Dürrenmatt once said to a critic who wanted to write a book about him – implying that his private life was of no concern to the public. The stages of his career are soon told. Friedrich Dürrenmatt was born on January 5th, 1921, in the village of Konolfingen near Berne, the son of the local Protestant pastor. After attending a Berne Gymnasium he read philosophy and theology at the universities of Berne and Zürich. Without completing his studies, he tried his hand as an artist (he has illustrated some of his own books) and made his début as a writer during the war, with sketches for a Zürich cabaret and short stories collected in a volume, *Die Stadt*. These stories already showed the mixture, peculiar to Dürrenmatt, of realism and fantasy, of the grotesque and the macabre. He has himself called them 'ein Vorfeld der Dramen'.

Shortly after the war, in 1947, his first play, *Es steht geschrieben*, had its première in Zürich. It was followed, in 1948, by *Der Blinde*, which he withdrew soon afterwards. These two plays were little more than attempts at developing his own style. It was with his third play, *Romulus der Große* (1949), that his name became known outside Switzerland. From then on, his reputation has grown steadily, especially since his 'tragic comedy', *Der Besuch der alten Dame* (1956), was performed in Paris, New York and London. Today, he is regarded as the foremost living dramatist writing in German.

It is perhaps no mere coincidence that Dürrenmatt is the first Swiss playwright to gain international fame. Switzerland is the only German-speaking country which was untainted by Nazism, and in which the continuity of cultural life remained unbroken. While Hitler's Germany lived in self-imposed isolation, Switzerland never lost touch with intellectual developments in Western Europe, especially in France. At the same time, she was deeply concerned with the tragic convulsions of Germany, to which she felt herself linked by the ties of language and culture. Dürrenmatt's work is a living testimony to these cross-currents of European thought. Though he has no predecessor in his own country (save Max Frisch, his senior by ten years), he has absorbed many influences from various quarters, which have helped him to develop his peculiar type of drama. The names he mentions in commentaries on his own work are most illuminating. These are, first of all, Aristophanes and the Viennese comedian Johann Nestroy; as his immediate models, he cites Pirandello, Thornton Wilder and, above all, Bertolt Brecht, whose plays, first seen in Zürich during the war, left a deep impression on him. To these must be added the German expressionist Georg Kaiser, who spent the war years as an exile in Switzerland.

In spite of all these influences which left their mark on Dürrenmatt's work, he is unmistakably a Swiss. Most of his novels, and several of his plays, are decidedly Swiss in background and atmosphere. What is more, the problems he raises are first and foremost Swiss, though they apply, in their wider implications, to our present age in general. Switzerland, having been spared the effects of two world wars, has attained a higher standard of living than any other European country; she has the most 'bourgeois', the most well-ordered society. But beneath the surface, there is a deep sense of doubt, even of guilt. This antithesis of material prosperity and moral guilt may be regarded as one of the central issues in Dürrenmatt's writings.

(b) *His Views on the Theatre*

In a small book, *Theaterprobleme*, based on a public lecture, Dürrenmatt sets forth his views on the contemporary theatre. He does not provide a closely argued theory but rather a spirited commentary both on the form and substance of his own plays. According to him, the theatre today has largely become a museum, in which the treasures of past ages are displayed. (This, it should be pointed out, applies mainly to the theatres of the German-speaking countries, where performances of the classics occupy a dominant place.) For the rest, the theatre is given over to experiment. Since there is no longer a uniform style, every author creates his own individual style. 'Es gibt keinen Stil mehr, sondern nur noch Stile.' Consequently, Dürrenmatt does not claim to establish any general rules but speaks only for his own type of drama. He sets out by discussing the function of the stage, as he sees it. The stage, for him, does not simulate reality; it merely suggests and signifies; it has become 'transparent'. As the foremost instance of this 'dematerialization', he points to Thornton Wilder's plays *Our Town* and *The Skin of our Teeth*: in both, the time and place of action are indicated merely by single disconnected objects; the rest is left to the imagination of the spectator. The reality of the stage is no longer taken for granted, it has itself become fiction or, as Dürrenmatt puts it, an instrument to play on. 'Die Bühne stellt für mich nicht ein Feld für Theorien, Weltanschauun-

gen und Aussagen, sondern ein Instrument dar, dessen Möglichkeiten ich zu kennen versuche, indem ich damit spiele.'

This new conception of the stage, which Dürrenmatt
shares with other contemporary playwrights such as
Brecht, Beckett, and Ionesco, is of vital importance to his
theatrical style. To illustrate his point, he cites two of his
own plays: in *Die Ehe des Herrn Mississippi*, the indefinite-
ness of the setting is emphasized by the different views seen
through two windows of a room, one showing a northern
landscape with a Gothic cathedral, the other the Mediterranean with a classical ruin. Similarly, in *Ein Engel kommt
nach Babylon*, ancient Babylon stands for any big city:
'Es ist ein Phantasie-Babylon, das einige typische babylon-
ische Züge aufweisen muß, doch in einer ins Moderne
parodierten Form, ebenso moderne Züge, wie etwa eine
Straßenlaterne auf babylonisch parodiert.' These two
examples serve to illustrate the ambiguity of time and
place, which is a vital factor in Dürrenmatt's plays. It
enables him to range freely over the ages, linking in a flash
past and present, and reflecting the one in the other.
Dürrenmatt is aware of the potential dangers of his method:
'Es ist meine nicht immer glückliche Leidenschaft, die
Vielfalt der Welt darstellen zu wollen. So wird mein
Theater oft vieldeutig und scheint zu verwirren.'

Dürrenmatt's fresh approach to dramatic art is not limited
to the style of representation, it also concerns the very
subject-matter of his plays. In his argument, he takes his
point of departure from the traditional distinction between
tragedy and comedy, and especially between the tragic and
the comic hero. This distinction, he claims, is no longer
valid today. The tragic hero presupposes a well-ordered,
manageable world, with established standards of vice and
virtue, guilt and punishment. Schiller was perhaps the last
dramatist to live in a world that could still recognize itself

in the historical world of his creation, and Napoleon the last hero in the classical sense. The present-day world, however, can no longer be pictured in terms of classical tragedy since it no longer knows tragic heroes: 'Aus Hitler und Stalin lassen sich keine Wallensteine machen.' Their power has grown so enormous that it has become anonymous. Drama can no longer encompass those in power but only their victims. As Dürrenmatt puts it succinctly: 'Kreons Sekretäre erledigen den Fall Antigone.'

Our world, in which we live 'wie Gulliver unter den Riesen', can be adequately reflected only in terms of comedy. For comedy (unless it be comedy of manners, as with Molière) presupposes a shapeless, disintegrating world. In *Romulus der Große*, the Emperor reproaches his daughter for studying Sophocles' *Antigone*: 'Studiere nicht den alten, traurigen Text, übe dich in der Komödie, das steht uns viel besser. . . . Wer so aus dem letzten Loch pfeift wie wir alle, kann nur noch Komödien verstehen.'

The type of comedy Dürrenmatt has in mind is his own. Its apposite forms of expression are farce and parody. He points to the paintings of Hieronymus Bosch, in which apocalyptic visions intermingle with grotesque detail. Though tragedy in its classical conception is no longer possible, the tragic moment prevails in comedy, like a yawning abyss in which the chaos of our present world is revealed.

Dürrenmatt's last word, however, is not despair. There is still an answer left to the threatening chaos, namely, courage: 'Es ist immer noch möglich, den mutigen Menschen zu zeigen'. It is this attitude which is embodied in the central characters of many of his plays. Each of these characters, while facing without illusion a world disintegrating before his eyes, refuses to capitulate. The essence of Dürrenmatt's philosophy is contained in the sentence: 'Die Welt steht für mich als ein Ungeheures da, als ein

Rätsel an Unheil, das hingenommen werden muß, vor dem es jedoch kein Kapitulieren geben darf'. This is the only kind of heroism Dürrenmatt admits in the world of today. It is, if anything, the message implicit in his tragic comedies. And it has found perhaps its clearest expression in his play about Romulus, the last Roman Emperor.

(c) *His Development as a Dramatist*

Friedrich Dürrenmatt made his début as a dramatist, in 1947, with a play *Es steht geschrieben*, which caused a violent uproar. Its subject is the short-lived 'kingdom of God', established by the Anabaptists in Münster, Westphalia, in the sixteenth century. In this play, Dürrenmatt's individual style is already fully in evidence. It is anything but a historical play in the conventional sense. The rise and fall of the religious community is not presented in any logical sequence but in short, disjointed scenes, which light up, as in a flash, certain significant characters and moments. Scenery and properties are only vaguely indicated, and the characters appear and disappear without perceptible motivation. The two principal figures, Johann Bockelson and Knipperdollick, are in a way complementary: the first, a tailor from Leyden, exploits the religious upheaval to set himself up as a despotic and licentious king; the second, a wealthy alderman, takes the anabaptist ideals literally, gives away his riches, and abandons his family to live as a beggar. Both end up on the wheel, suffering a cruel death at the hand of the executioner. The figure of the executioner plays a major part, as it does in many of Dürrenmatt's works. He personifies the arbitrary, macabre, and 'untragical' death, as opposed to the destined, cathartic death of traditional tragedy. He quotes verses from Schiller, which in this context are pure parody. This mixture of tragedy and farce, of pathos and parody, is, already in this first play, a dominant feature of Dürrenmatt's style. The very language changes abruptly from exalted lyricism to downright bathos. The characters indulge in long lyrical soliloquies, addressing the audience directly. Bockelson, for instance, states not only the date of his birth but also of his future death; another character refers to the author personally, describing him as an 'im weitesten Sinne entwurzelter Protestant, behaftet mit der Beule des Zweifels, mißtrauisch gegen den Glauben, den er bewundert, weil er ihn verloren', etc., and complaining that the author refused to show a miracle on the stage since he did not believe in miracles. With this device of 'alienation', Dürrenmatt shows himself a disciple of Thornton Wilder (whose play *Our Town* was one of his vital theatrical experiences) and of Brecht (whose later plays were first performed in Zürich during the war). In his hands, 'alienation' is deliberately used for grotesque and farcical purposes. It serves one of Dürrenmatt's essential aims: the 'disillusionment' of the stage. Instead of accepting the conventions of the theatre, he plays with them, down to the very stage directions. For example, he suggests that a soldiers' camp should be painted on wrapping paper, showing a yellow three-quarter moon, the planet Saturn with its ring, and Mars with its canals. This surrealist note reaches its climax when the two main characters perform a moon-struck dance over the roofs of the city, while a huge full moon dominates the stage, 'in such a way that craters and seas are clearly visible'. Here the anabaptist ecstasy materializes in a visible symbol. Throughout, this ecstasy is not presented objectively – it infuses as it were both form and substance of the play.

This interplay of reality and illusion is the very theme of Dürrenmatt's second play, *Der Blinde* (1948). The time of action is the Thirty Years' War; but here the historical setting is even less relevant, forming no more than the background to a timeless parable which is, in essence, the story of Job. The central character is a blind duke, who, amidst ruin and devastation, believes himself to be living in a land of peace and plenty. He appoints an unscrupulous impostor to act as his vicar. This villain, a truly Satanic figure, ruthlessly exploits his power, seduces the duke's daughter, has his son executed, and does his utmost to destroy the blind man's delusion. Gradually, the duke is brought to realize the truth of his position. But his faith remains unshaken: only now does it attain its full depth. As the tempter takes leave of the duke, he acknowledges defeat:

> Ihr habt mir nicht widerstanden und habt mich überwunden. Ich bin an dem zugrunde gegangen, der sich nicht wehrte. Ich verlasse Euch nun, wie Satan Hiob verließ, ein schwarzer Schatten.

To which the duke replies:

> So geht denn von mir im Namen Gottes.

Both *Es steht geschrieben* and *Der Blinde* turn on problems of faith, reflecting Dürrenmatt's intense preoccupation with religious issues. Both are, despite their farcical elements, tragedies. With their deficiencies of form, especially their long lyrical passages, they are clearly the works of a beginner who is feeling his way towards his own individual style. He found this style in *Romulus der Große*, his third play (1949; second version, 1957). No other play of his comes closer to downright comedy. Moreover, it moves on a more clearly defined realistic plane. Yet there are many links with the preceding plays. While *Es steht geschrieben* deals with the end of a 'kingdom not of this world', *Romulus der Große* turns on the downfall of an empire 'too much of this world', namely, the Western Roman Empire. On the other hand, the main issue of *Der Blinde* is as it were reversed: Romulus, the last emperor, is the only man who, in a world of make-believe, accepts with open eyes the end of his country, which he knows to be doomed by the verdict of history. In the second version of the play (on which our text is based) Dürrenmatt has toned down the purely farcical elements and deepened the character of the central figure.

In *Die Ehe des Herrn Mississippi* (1952), Dürrenmatt turned for the first time to the world of today. The scene is set throughout in a richly furnished drawing-room which has a distinctly surrealist touch: the views from the two windows are contradictory, mirrors and picture frames hang empty in space, and so on. This surrealist note is sustained throughout the play: the curtain opens on the shooting of a man who remains quite unharmed and proceeds to tell his story in flashbacks. The action centres on a woman, Anastasia, who is pursued by four men of various types. One is a public prosecutor; the second, a communist upstart; the third, an opportunist politician; and the fourth, a count, who is the only one really in love with her. In the end, when all the others have destroyed one another, he alone remains, appearing in the guise of Don Quixote and extolling, in rhapsodic verses, the beauty of the world and the glory of God. The play abounds in violence murder, and civil war, reflecting, as in a distorting mirror, the conflicting forces of the present-day world. It is, in the last resort, a lurid allegory of our age, though lightened by a wealth of bizarre detail. The sequence of events is turned upside down; the characters address the audience in rambling speeches, they stop the curtain from falling, they walk in and out of windows, they kill one another without effect, while the room gradually disintegrates before our eyes. Again, the chaos of our world is not presented in any consistent action but penetrates the very structure of the play.

With *Ein Engel kommt nach Babylon* (1953), Dürrenmatt
delved once again into the past – this time to ancient
Babylon at the time of Nebuchadnezzar. But the historical
setting is more than ever a thin disguise: the stage directions speak of skyscrapers, trams, and gas-lamps, suggesting
a modern metropolis. The central idea of the play is based
on the timeless myth of a divine being who visits the earth:
here an angel brings with him a girl of perfect beauty and
purity, Kurrubi, destined by God for the humblest man
she can find. Confusion ensues when she meets two
beggars – one genuine, the other king Nebuchadnezzar,
who has disguised himself as a beggar for a night. Para-
doxically, Kurrubi falls in love with the king. When
Nebuchadnezzar reveals his identity, the girl tries to
persuade him to renounce his throne and flee with her,
since by the will of God she may love him only as a beggar.
But the king, unwilling to forgo his power, hands her over
to the real beggar, Akki, who has meanwhile taken on the
job of public hangman.

It is not easy to unravel the various threads and implications of this complex plot. As so often with Dürrenmatt,
the central theme must be seen in the confrontation of
heaven and earth – heaven being physically present in the
shape of the nebula Andromeda, which lights up repeatedly
throughout the play. Babylon, on the other hand, represents
the man-made State, to which each and all submit un-
questioningly, including politicians, scientists, poets, and
theologians. The one man who refuses to be caught in its
all-embracing net is Akki, the last remaining beggar, who
scorns all riches and lives under a bridge. Through her
advent, Kurrubi, the heaven-born girl, causes confusion
which eventually threatens the very foundations of the
State. With a heavy heart, Nebuchadnezzar renounces her,
realizing that the grace of God is not for him: 'Ich trachtete

nach Vollkommenheit. Ich schuf eine neue Ordnung der Dinge. Ich suchte die Armut zu tilgen. Ich wünschte die Vernunft einzuführen. Der Himmel mißachtete mein Werk. Ich blieb ohne Gnade.' From this insight springs his resolution to pit his power against the power of God and to challenge the heavens with a tower: 'Ich will der Schöpfung aus dem Nichts die Schöpfung aus dem Geist des Menschen entgegenstellen und sehen, was besser ist: Meine Gerechtigkeit oder die Ungerechtigkeit Gottes!' The final words, however, are spoken by Akki, who flees with the girl into the desert, to seek freedom from the doomed world of men: 'Babylon, blind und fahl, zerfällt mit seinem Turm aus Stein und Stahl, der sich unaufhaltsam in die Höhe schiebt, dem Sturz entgegen; und vor uns . . . liegt fern ein Land, tauchend aus der Dämmerung, dampfend im Silber des Lichts, voll neuer Verfolgung, voll neuer Verheißung und voll von neuen Gesängen!'

As in most of Dürrenmatt's plays, the outlines of the central theme are blurred by a profusion of bizarre detail, which often complicates the interpretation. As it stands, *Ein Engel kommt nach Babylon*, which the author himself calls 'Eine fragmentarische Komödie', is a kind of prelude to the building of the tower of Babel. Whether its sequel will ever be written, remains to be seen.

It was with his following play, *Der Besuch der alten Dame* (1956), that Dürrenmatt gained international fame. Again the plot takes the form of a parable, this time set in the present. The scene is a nondescript provincial town named Güllen, which has a distinct Swiss atmosphere, but stands for any town in any country. The place is in the grip of economic depression when, one day, there arrives an eccentric old lady of fabulous wealth, who turns out to be a native of Güllen. Naturally, the citizens try to extract money from her, appealing to her local patriotism. The lady promises a large sum but attaches one condition: they must kill one of their fellow-citizens, who was once her lover and left her·with child, thus forcing her to leave the town. At first, the citizens refuse with indignation, but by and by the lure of money proves irresistible, until at last they kill the man, whereupon the lady hands over a cheque – and departs.

The action is carried, as it is in *Es steht geschrieben* and *Ein Engel kommt nach Babylon*, not by an individual but by a community: it is the gradual demoralization of the town, its growing prosperity at the price of moral integrity, which constitutes the real tragedy. The lady, who watches this process with icy indifference, waiting for the inevitable outcome, merely sets the action in motion. The only one who undergoes a catharsis is Ill, the victim: at first an easy-going, colourless character, who blindly trusts his fellow-citizens, he gradually grows in stature and, in the end, comes to accept his fate. But he refuses to make their task easy by taking his own life: 'Ihr müßt nun meine Richter sein. Ich unterwerfe mich eurem Urteil, wie es nun auch ausfällt. Für mich ist es die Gerechtigkeit, was es für euch ist, weiß ich nicht. Gott gebe, daß ihr vor eurem Urteil besteht.' The actual decision to murder Ill is taken in the full glare of publicity, in the presence of press photographers and radio announcers. The most macabre aspect is the hypocrisy of the citizens, who all along profess high moral motives while they are in fact prompted by naked greed. The play closes with a mock-classical chorus extolling the blessings of prosperity.

It is evident that this play deals, in the form of a striking parable, with a crucial dilemma of our time, the choice between moral and material values. The citizens of Güllen, by choosing prosperity at the price of a crime, sacrifice their integrity.

The employees of the private bank in *Frank der Fünfte* (1959) have no choice left; they are involved from the start in crime of the most lurid kind. This play, subtitled *Oper einer Privatbank* and set to music by the Swiss composer Paul Burkhard, is Dürrenmatt's slightest and at the same time most macabre stage work. Once again, the action is carried not by an individual but by a collective – in this case, a bank. It is clear that this bank is intended to symbolize the ruthlessness and amorality of a society ruled by money. The issue of *Der Besuch der alten Dame* is as it were carried one stage further; here there is not even the pretence of moral motives: each and all, down to the lowest bank clerk, indulge unashamedly in the most appalling crimes. Only once is there an attempt to break the vicious circle: the head-clerk, on his death-bed, cries out his belated discovery that man is always free to do good: 'In jeder Stunde hätten wir umkehren können, in jedem Augenblick unseres bösen Lebens. Es gibt kein Erbe, das nicht auszuschlagen wäre und kein Verbrechen, das getan werden muß.' But his voice is ruthlessly silenced by poison. The end is utter nihilism.

The doubtful reception of this play was more than offset by the success of *Die Physiker* (1962), which deals with a crucial problem of our time – the danger of science running riot. The action is set in a lunatic asylum. Three of the inmates are nuclear physicists: two of them claim to be Newton and Einstein respectively while the third pretends to hear the voice of King Solomon. As it turns out, the latter is a famous scientist who has invented a 'system of all possible inventions' but has sought refuge in the mental home, destroying all his manuscripts for fear that mankind might use them for destructive purposes. The other two are in fact emissaries of rival powers, with instructions to kidnap the scientist for their respective governments. Each of the three in turn kills his nurse when he is in danger of being found out. Realizing that outside the madhouse they would be had up for murder, all three resign themselves to stay where they are: in a world gone mad the lunatic asylum is their only refuge. As the scientist says: 'Entweder löschen wir uns im Gedächtnis der Menschheit aus oder die Menschheit erlischt.'

But Dürrenmatt has a final twist in store: the female psychiatrist who runs the asylum turns out to be mad herself. She has taken copies of the burnt manuscripts and intends to exploit them for her own selfish ends. The destruction of the world is after all irreversible. In the words of the scientist: 'Was einmal gedacht wurde, kann nicht mehr zurückgenommen werden.'

A further play of Dürrenmatt's, *Herkules und der Stall des Augias* (1963), is in fact merely a former radio play adapted for the stage. In the guise of an ancient Greek legend, it is a hilarious satire on the smugness and hypocrisy of modern society and, in particular, of the author's own country, Switzerland.

(d) *Radio Plays*

Apart from his theatrical work, Dürrenmatt has turned to two other literary forms – the radio play and the novel. He freely admits he has been attracted in the first place by the quick financial returns these writings offer. But his predilection for lighter forms is also prompted by a defiance of professional literary criticism, with its strict distinction between 'serious' and 'light' literature. His essay *Theaterprobleme* closes with this paradoxical pronouncement: 'Die Literatur muß so leicht werden, daß sie auf der Waage der heutigen Literaturkritik nichts mehr wiegt. Nur so wird sie wieder gewichtig.'

In fact, these other writings deal with the same problems as his dramatic works (some of them have even appeared in various forms, as novel, play, and radio play). The radio, in particular, offers free scope to Dürrenmatt's teeming fantasy, his rapid shifting of time and place, his love of pointed, witty dialogue. He has written a great variety of radio plays, from the lightest to the most serious. There are, firstly, those based on Greek legend, *Der Prozeß um des Esels Schatten* (1951) and *Herkules und der Stall des Augias* (1954). The first, derived from a novel by Wieland, *Die Abderiten*, turns on a legal dispute over a donkey's shadow, which eventually leads to civil war and the destruction of the city; the second tells the story of one of the labours of Hercules, who is called upon to clean a country from the mire that threatens to engulf it. In both plays, the main source of wit lies in the modern dialogue and the deliberate anachronisms – a method brought to perfection in *Romulus der Große*. Hercules, for instance, is represented as a national hero who is forced to perform his deeds for a living, and ends up in a travelling circus lifting weights. The travesty of a national hero recurs in *Stranitzky und der Nationalheld* (1953), but this time in a contemporary setting and in a more serious vein. A famous statesman, the idol of the nation, has been stricken by an incurable disease. A wretched war cripple, Stranitzky, imagines this is his chance to approach the great man and claim a share in the government; but the interview, accompanied by all the trappings of up-to-date publicity, ends in disaster. Dürrenmatt uses this confrontation of top-dog and under-dog to pour his scorn on public hero-worship, the sensationalism of the press, and the hypocrisy of modern society at large. *Abendstunde im Spätherbst* (awarded a prize for the best radio play of 1956) is in effect a dialogue between a celebrated writer of crime fiction and a man who proves that the writer has actually committed all the murders described in his books. In the end, the author drives his visitor to suicide – thus gaining material for a new story. Perhaps the most striking and the most profound of Dürrenmatt's radio plays are also his shortest. *Nächtliches Gespräch* (1952) is a duologue between a man (once again a writer and an impersonation of the author's self) and the public executioner who has come to kill him by order of the state. Their nocturnal interview turns on Dürrenmatt's favourite topics: the evil of total power, the helplessness of the individual in the modern state and, ultimately, religion. Finally, the man submits humbly to the executioner's knife. *Das Unternehmen der Wega* (1954) is, superficially, a bold piece of science fiction, describing a distant future when both East and West, still interlocked in deadly conflict, banish their political opponents to the planet Venus. For reasons of strategy, the West sends out an expedition to destroy the planet with cobalt bombs. They find the inhabitants living under the most appalling conditions, fighting for bare existence against boiling oceans, radio-active continents, and deadly epidemics. But the exiles have learnt a lesson ignored in the ease and abundance of life on earth: that man is precious, and life a divine gift. 'Die Venus zwingt uns, nach unsern Erkenntnissen zu leben. . . . Wenn wir hier einander nicht helfen, gehen wir zu Grunde.' Of course, the bombs are dropped, and the expedition returns to the strife and agony of the earth. In this extreme parable, Dürrenmatt has once again exemplified one of his basic ideas – that the only heroism left is courage in the face of an absurd and monstrous world.

(e) *Narrative works*

Dürrenmatt's narrative works belong for the most part to crime fiction. This type of literature meets his predilection for violent action and the macabre, and his obsession with the idea of justice. But in his hands, the detective novel assumes a deeper meaning which distinguishes it from the ordinary 'whodunit'. The two works which come closest to straightforward crime fiction are *Der Verdacht* (1952) and *Der Richter und sein Henker* (1953). But they, too, reveal in some unusual twist the unmistakable stamp of their author. They are both genuine detective novels and at the same time parodies. So is *Das Versprechen* (1958), which Dürrenmatt calls a 'Requiem auf den Kriminalroman'. Through the mouth of one of the characters, he criticizes the usual type of detective story, which builds up a logical pattern of events and unfailingly brings the culprit to justice. In his story, the criminal is never caught. The plot centres on a hideous child murder and the fruitless efforts of the police to track down the murderer. The main interest, however, is focused on the police inspector who gives up a brilliant career to devote himself to this single case. All his ingenuity seems in vain until, many years later, it is revealed that the murderer had met with a fatal car accident when about to fall into the trap. The unpredictable cuts across all rational calculations.

This is also the essence of a short novel *Grieche sucht Griechin* (1955), subtitled 'Eine Prosakomödie'. which is itself light fiction and at the same time satirizes this kind of literature. It even has two alternative endings, one tragic, and one happy. The story, set in a fairy-tale Paris, is about an insignificant little clerk of Greek extraction, who for no apparent reason is suddenly made general manager of a monster trust, and rises within a single day to the top of society. In the tragic ending, he falls back to his former status, while in the 'ending for lending libraries' he lives happily ever after. All this happens without any logical motivation, in pure fairy-tale fashion. Yet this story, too, touches on Dürrenmatt's central ideas of grace and justice. At a crucial point, the aged State President hints at this deeper significance: 'Sie sind begnadet worden. Der Grund dieser Gnade kann zweierlei sein: und es hängt von Ihnen ab, was er sei: die Liebe, wenn Sie an die Liebe glauben, oder das Böse, wenn Sie an diese Liebe nicht glauben.'

Perhaps the most striking of Dürrenmatt's prose writings is *Die Panne* (1956). A business man, whose car has broken down in a village, spends the night in a country-house in the company of four retired lawyers. Here he is asked to face a mock-trial, in the course of which he is found guilty of a murder he has unwittingly committed. What begins as a joke ends in deadly earnest: in the morning, he is found to have hanged himself in his room. The sinister aspect of the story is emphasized by the sumptuous feast which accompanies the trial, and the hilarious mood in which it is conducted. The accused, on the other hand, far from trying to defend himself, accepts wholeheartedly the verdict which, he feels, makes sense of his senseless life. The 'Panne' of the title is much more than the car's breakdown that sets the plot in motion: it implies the breakdown of a life which has been based on a fallacy and suddenly faces the truth. In his introduction to the novel, Dürrenmatt sheds light on its wider implications, as well as on the philosophy of despair which underlies all his writings. In the world of today, he claims, it is no longer possible, in good faith, to tell a story of the conventional kind since everything has been turned into momentary thrills and mere entertainment. Fate has left the stage, and all happenings, including diseases, economic crises, and wars, have become a matter of scientific calculation, subject to mere accident. 'So droht kein Gott mehr, keine Gerechtigkeit, kein Fatum wie in der fünften Symphonie, sondern Verkehrsunfälle, Deichbrüche infolge Fehlkonstruktion, Explosion einer Atombombenfabrik, hervorgerufen durch einen zerstreuten Laboranten. . . .'

It is this 'world of breakdowns' which forms the intangible background, or rather, the very essence of this story, as of all Dürrenmatt's writings.

II. ROMULUS DER GROSSE

Romulus der Große, Dürrenmatt's third play, written in 1948, was first performed at the Zürich Schauspielhaus on December 14th, 1949. Later he revised it, deepening its serious aspects, especially in the last act. It is on this second version, published in 1958, that the present edition is based.

(a) *The Historical Background*

During the fourth and fifth centuries A.D., the Roman Empire gradually declined from the heights it had attained under such emperors as Trajan and Hadrian. This decline had economic causes, apart from the growing pressure of the Germanic tribes from the north, and the weakening of Rome's will to resist. In the first half of the fourth century, the emperor Constantine founded Constantinople as a second capital. On the death of the emperor Theodosius I, A.D. 395, the Empire was divided between his two sons, Honorius reigning in the West, and Arcadius in the East. While the Eastern Empire flourished for a thousand years (it ended only with the fall of Constantinople in 1453), the Western half was soon submerged by successive waves of Germanic invaders. In 410, Rome was occupied and sacked for the first time by Alaric, king of the Visigoths. Soon after, Gaul and Spain were overrun by the Vandals, who also occupied the Roman provinces in North Africa. In 455, they crossed into southern Italy and marched on Rome, which was ravaged for the second time. Meanwhile, the Huns under Attila, emerging from the lower reaches of the Danube, swept across central Europe and extended their boundaries deep into Gaul and northern Italy.

Under these shattering blows, the power of the Western Roman emperors dwindled rapidly. Although the principle of heredity was never recognized (the title Imperator or Caesar being conferred by the army), the imperial office usually passed on to a son or near relative. With the death of Valentinian III, in 455, the house of Theodosius, the last great emperor, had come to an end. There followed, in quick succession, a series of emperors of whom little more is known than the names. The last of them was Romulus Augustulus, who ruled only one year, from 475 to 476.

The actual power in Italy had, however, long since passed into the hands of military leaders, the *magistri militum*. Many of these were Germans who had entered into Roman service and quickly risen to power. They made and unmade the emperors while themselves retaining the title of 'patrician'. One of them was Orestes, himself of Roman origin, who had at one time been in the service of Attila. It was he who installed his son Romulus as emperor, after dethroning Julius Nepos.

Little is known of the character and reign of Romulus, who was nicknamed Augustulus and thus, by an irony of fate, bore the names of the first king and the first emperor of Rome. He was probably a youth of fourteen, and of great beauty. He resided in Ravenna, which had become the imperial residence after the decline of Rome. It was here that his fate overtook him after a reign of less than a year. In the summer of 476, the German mercenaries in the pay of Rome (the so-called *foederati*) had risen in revolt when their demand for one-third of Italian land was turned down by Orestes. Their leader was Odoacer, or Odovacar, a Scyrian by birth, who had come to Italy to make his fortune. In the battle of Ticinum (now Pavia, on the river Po) Orestes was beaten and, a few days later, killed. Odoacer marched on Ravenna. There he deposed Romulus, but spared his life, probably touched by his youth and nobility. He assigned him the splendid villa which Lucullus, the conqueror of Mithridates, had built himself long ago on the shores of the Mediterranean, close to Naples, granting him an annual pension of 6000 solidi. Here the hapless ex-emperor lived with his mother and other members of his family. Nothing is known of his death – 'an eloquent testimony (as a modern historian puts it) to the utter insignificance of the deposed emperor.'

With the deposition of Romulus Augustulus, the Western Roman Empire ceased to exist. The power passed into the hands of Odoacer who thus became the first Germanic ruler of Italy. The imperial insignia were sent to the Emperor Zeno in Constantinople. Some historians assert that the year 476 was not in fact decisive as the imperial authority had long since passed to the Eastern emperors, and Odoacer received the title of patrician from Zeno. However, to all intents and purposes, that year marked the end of an era, since the line of Roman emperors that had started with Augustus came to an end with Romulus Augustulus. From then on, Italy was ruled by Germanic kings. Odoacer's reign lasted seventeen years, until 493, when he himself was defeated and killed by Theodoric, king of the Ostrogoths, who set up his residence in Ravenna. The grandeur that was Rome had passed away; the Dark Ages had begun.

(b) *Treatment and Thought-Content*

Dürrenmatt calls his play 'Eine ungeschichtliche historische Komödie'. He thus makes it clear that he has treated history very freely. Indeed, he has used barely more than the general background and the names of the historical personages. Firstly, he has changed the scene of Romulus's deposition from Ravenna to a villa in Campania – no doubt to give the place of action a rural character in keeping with the Emperor's favourite pastime, chicken rearing. Secondly, he has turned the boy-emperor into a man of fifty, married and with a grown-up daughter. This he has done with the obvious purpose of endowing his hero with the resigned wisdom so essential to his character. Thirdly, without any historical evidence, he pictures Odoacer, the German conqueror, as a peace-loving and civilized man. Moreover, he makes him an uncle of Theodoric – a purely fictitious relationship, since the two belonged to different Germanic tribes, Odoacer being a Scyrian, and Theodoric an Ostrogoth. In point of fact, the latter appeared on Italian soil only thirteen years later to overthrow Odoacer. Similarly, the Byzantine emperor, Zeno, never sought refuge in Italy though he temporarily lost his throne to a rival at the same time (475–477). These and many other licenses are taken by the author mainly to telescope the events into a single day and a single place of action.

The action is set in the Emperor's villa in Campania and runs its course within twenty-four hours. The date is the Ides of March, A.D. 476 (in fact, Romulus's deposition took place in September of that year). Thus the unities of time and place are fully observed: the four acts of the play follow the rules of classical drama. Moreover, there are none of the surrealist features that distinguish most of Dürrenmatt's plays. Both characters and events move on a realistic plane.

Nevertheless, the play is far from realistic in the conventional sense. The characters are throughout people of today; their thoughts and their language belong to our time rather than to their own. This superimposition of the present on the past is the very source of the comedy's wit and of its deeper significance.

At a first glance, Dürrenmatt's approach to history seems to have much in common with Shaw's (as, e.g., in *Caesar and Cleopatra*, *Androcles and the Lion*, or even in *Saint Joan*). There is the same debunking of all heroics, the same colloquial speech, full of deliberate anachronisms and modern idioms. Yet Dürrenmatt's aims are very different from Shaw's. He is far removed from the moral zeal and rationalism of the Irish playwright. His debunking of history springs from a profound disillusionment, a defiance of accepted values, which is the hallmark of all his writings.

Romulus der Große, written soon after the end of the last war, clearly bears the stamp of that time. Its theme is the fall of an empire and, beyond that, the disintegration of an ancient civilization. No doubt Dürrenmatt conceived the play with the defeat of Germany before his eyes. His main targets are militarism and spurious heroics, on which he pours his scorn through the mouth of Romulus.

However, it would be misleading to identify Rome with Nazi Germany. Dürrenmatt casts his net much wider: what he has in mind is no doubt the predicament of Western civilisation, which he sees bared of its spiritual values, and threatened by catastrophe. His play, set at the precise moment when an era comes to its end, is permeated, as are all his writings, with an apocalyptic feeling.

Yet the underlying philosophy is not nihilistic. In his central figure, he extols humanism and true (as opposed to false) heroism. It is these qualities which earn his Romulus the epithet 'the Great'. His greatness lies in the fact that in a world of make-believe and self-delusion, he is the only one to face the truth. His heroism consists not in action but in non-action. He calls himself 'untragical', yet his tragedy lies in his survival – a paradox typical of Dürrenmatt's inversion of classical concepts.

Dürrenmatt achieves his object of debunking mainly by means of parody. There are innumerable instances of parody throughout the play. The very names are satirical: the Minister of War is called 'Mares'; the two Byzantine chamberlains are 'Sulphurides' and 'Phosphoridos' (alluding to the notorious Greek Fire); the Germanic clothes manufacturer has for his first name 'Cäsar', and so on. The date of Romulus's deposition is changed to the Ides of March – obviously to establish a parallel to Caesar's death: the conspirators' scene in Act III is an evident parody of Caesar's assassination in Shakespeare's play. Debunking of the classics is a favourite technique of Dürrenmatt's, as for instance, in the scene in which the Emperor's daughter recites verses from the *Antigone* of Sophocles in the midst of general dissolution. Here the author's object is not to disparage classical drama as such, but to ridicule the escapist attitude which turns from the reality of the present to heroic fiction.

Dürrenmatt's principal means of parody is his language. It is throughout contemporary and colloquial, but varies according to the speaker. Mares, the Minister of War, for example, uses a military idiom, abounding in Nazi phrases; Cäsar Rupf, the industrialist, speaks a modern business jargon, while Phylax, the actor, talks in spurious theatrical clichés. The speech of Romulus himself changes in the course of the play: at the beginning, it is ironical and matter-of-fact, full of witticisms and deliberate buffoonery; but by and by, it gains in richness and depth: in the third act, during his scene with Ämilian, it takes on rhetorical force, and towards the close, as he announces the end of the Roman Empire, it rises to pure poetry. Thus the very language reveals, step by step, the true character of Romulus.

(c) The Action

The course of the action is succinctly summarized in the lines concluding each act:

Act I: Rom hat einen schändlichen Kaiser.
Act II: Dieser Kaiser muß weg.
Act III: Wenn dann die Germanen da sind, sollen sie hereinkommen.
Act IV: Damit, meine Herren, hat das römische Imperium aufgehört zu existieren.

Act I shows, in a sequence of scenes, the utter passivity of the Emperor in face of the growing danger. Pavia has fallen, and the Germans are marching south. Romulus, instead of considering defence, indulges in his favourite pastime – chicken rearing. To keep going, he sells the busts of Roman emperors and poets – a symbol of the total 'sell-out' of the Empire.

In Act II, Ämilian, a patrician, returns from captivity. He is the only person resolved to organize active resistance and is even prepared to give up his betrothed, the Emperor's daughter, to save Rome. When Romulus opposes his plans, Ämilian decides to kill him.

Act III reveals, in a series of talks with his wife, his daughter, and Ämilian, the true character of the Emperor. At the very moment when the conspirators, concealed in his room, approach to kill him, the shout goes up, 'Die Germanen kommen!' Everyone takes flight; only Romulus calmly awaits the arrival of the enemy.

Act IV brings the encounter of Romulus with the

Germanic leader, Odoaker, who, to his surprise, turns out to be his ardent admirer. While all the others, who tried to save themselves, meet their death, the Emperor is the only one to remain alive. He abdicates and announces the end of the Roman Empire.

(d) *The Characters*

The only fully developed personage is the Emperor, who gives the play its title. However, his true character is only gradually revealed in the course of the action. In the first two acts, he appears as a downright buffoon, indifferent to the mortal danger threatening the Empire, concerned solely with his chickens and his own physical comfort. He nonchalantly breaks two leaves from his gold wreath to pay his servants, and confers the title of 'Saviour of the Fatherland' on his treasurer, who has absconded with the public funds. When a messenger arrives with the news of a decisive battle, he sends him off to sleep, since (as he argues) facts cannot be altered by any message. When a slogan is required to counter the German battle-cry, 'Fur Freiheit und Leibeigenschaft!', he suggests 'Für Hühnerzucht und Landwirtschaft!' Through his cynicism and indifference, he arouses the indignation of his entire court.

It is only towards the end of Act II that we get an indication of his deeper purpose, when he says to his daughter: 'Der Kaiser weiß, was er tut, wenn er sein Reich ins Feuer wirft, wenn er fallen läßt, was zerbrechen muß, und zertritt, was dem Tode gehört.'

This theme is fully developed in Act III. In the scene with his wife Julia, the Emperor discloses for the first time his true nature. He asserts that he has become emperor with the deliberate intention of liquidating the Roman Empire, which he considers unworthy of existence. When Julia accuses him of consciously sabotaging the rescue of Rome, he calmly agrees. To her indictment, 'Du bist Roms Verräter!' he retorts: 'Nein, ich bin Roms Richter.'

But it is to Ämilian – the only person Romulus takes seriously – that he discloses fully the motives of his action, or rather, non-action. He emphasizes that he has not betrayed Rome, but that Rome has betrayed herself. 'Es kannte die Wahrheit, aber es wählte die Gewalt, es kannte die Menschlichkeit, aber es wählte die Tyrannei.' He points to the hecatombs Rome has sacrificed to the aggrandizement of her power. Her impending downfall is thus nothing but a just retribution. 'Wir haben fremdes Blut vergossen, nun müssen wir mit dem eigenen zurückzahlen.' He considers it his mission to bring about this retribution in order to restore 'justice'.

Through the unexpected turn in the fourth act, Romulus's whole line of action collapses. He felt justified in being Rome's judge only because he was ready to die himself. His survival makes nonsense of his conduct. 'Es ist alles absurd geworden, was ich tat'. It is Odoaker who points out to him: 'Dein Tod wäre sinnlos, denn einen Sinn könnte er nur haben, wenn die Welt so wäre, wie du sie dir vorgestellt hast. Sie ist nicht so.' Romulus must realize that he, the destroyer of illusion, has himself lived in an illusion. The world is absurd. And the extreme point of absurdity is reached when Odoaker, instead of killing him, allows him to retire with a pension. This Romulus regards as 'wohl das Entsetzlichste, was mir zustoßen könnte'.

The logical conclusion of tragedy – the hero's death – is thus reversed: the tragedy of Romulus lies precisely in his survival, and his true greatness shows itself in the grace with which he accepts his lot. Dürrenmatt has formulated this paradox succinctly in his postscript when he speaks of Romulus as of 'dieses als Narren verkleideten Weltenrichters, dessen Tragik genau in der Komödie seines Endes, in der Pensionierung liegt, der dann aber – und nur dies macht ihn groß – die Einsicht und die Weisheit hat, auch sie zu akzeptieren'.

Romulus is surrounded by a large array of characters. The most prominent is Ämilian, whom the author calls 'die Gegengestalt zu Romulus'. He is a patrician, a highly cultured man, who in his earlier life loved Horace and, as he says of himself, wrote the best style in Italy. His terrible experiences in German captivity have completely transformed him. He has come face to face with reality in its most brutal form, and is driven by a single thought – to save Rome from the barbarians. To this end, he persuades the Emperor's daughter (to whom he is betrothed) to marry the business man who has offered a large sum to bribe the Germans. Appalled at the indifference of the Emperor, he resolves to kill him. But Romulus loves him like a son. Deeply moved by the marks of suffering Ämilian bears, he sees in him 'das große, letzte Argument gegen den . . . , der sich nicht wehrt, den Menschen, der immer wieder geschändet wird, das tausendfach besudelte Opfer der Macht'.

Julia, the Emperor's wife, is a cold and scheming woman, who despises Romulus for his inactivity. She boasts of her descent from the Emperor Julian and calls her husband the son of a bankrupt patrician. In her one big scene with Romulus, in Act III, he bluntly accuses her of marrying him only to become Empress. The Empire she claims to love is merely a means of satisfying her ambition. When she realizes that he is not prepared to act she coldly leaves him to his fate and sets out for Sicily. On the journey, she suffers shipwreck and dies, like all the others who have tried to save their skins.

Rea, the Emperor's daughter, is a spoilt girl who lives in

a world of make-believe, taking dramatic lessons while the fate of Rome hangs in the balance. Though she professes to love Ämilian, she is readily persuaded to marry the businessman for the sake of Rome. It is Romulus who points out to her that her love for Ämilian is more important than her patriotism: 'Es ist viel größer und viel schöner, einem Menschen die Treue zu halten als einem Staat.' In this scene with his daughter, the Emperor's true humanity, which he hides behind the mask of the cynic, is fully revealed.

Zeno, the Eastern Emperor, is introduced mainly to serve as a foil to Romulus. He finds himself in a similar position, having lost his throne to the barbarians. He is accompanied by two Byzantine chamberlains, with whom he performs a pompous ritual when asking for the Emperor's protection. But even when he is alone with Romulus he utters nothing but high-flown clichés, invoking their 'historic mission' and coining meaningless slogans to rally the Roman forces. However, when the news arrives that the enemy is approaching he enquires after the next boat to Alexandria.

The rest of the characters who throng the Emperor's court are more or less farcical. There is, first of all, the 'industrialist' Cäsar Rupf (the very name has a comic ring, suggesting 'rupfen' – to fleece) who has made his fortune in textiles and proposes to introduce trousers, the garment of the barbarians, to Rome. He offers to bribe the enemy on condition that he is given the princess in marriage. His outlook is completely matter-of-fact, and he speaks a modern business jargon, full of ghastly clichés and vulgarisms. There is, secondly, Apollyon, the art dealer, who has come to buy up the Emperor's collection of busts, and spends most of the time climbing about on ladders in the background. Phylax, who gives the princess drama lessons, is a caricature of a modern actor-producer, whereas Mares, the Minister of War, and Tullus Rotundus, the Home Secretary, spend their time devising high-flying plans for defence, but vanish with the rest at the approach of the barbarians. Lastly, there is Spurius Titus Mamma, prefect of the cavalry, who arrives from the battlefield with an important message at the beginning of the play but is sent away by the Emperor to rest, and thus literally sleeps through the fall of the Roman Empire.

On the Germanic side, there are only two individualized characters, Odoaker, the commander-in-chief, and Theoderich, his nephew, both of whom make their appearance only in the last act. Odoaker is the exact opposite of what everybody expects him to be. His attire is described as 'ganz unkriegerisch'; he enters in civilian clothes, complete with hat and notebook, so that Romulus takes him for a disguised Byzantine botanist. He shows himself keenly interested in the Emperor's sculptures and shares his passion for chickens. He confesses that he hates war and that he has tried his best to break off the campaign. Above all, he admires the Emperor for his humanity, and implores him to retain his throne in order to prevent the establishment of a Germanic empire, as murderous and as transient as the Roman. When Romulus refuses, Odoaker realizes that he is destined to become king of Italy. Moreover, he is fully aware that his rule will be short, and that he will be killed by his nephew Theoderich, who conforms to the traditional idea of a hero. As he summons his soldiers, he points to the deposed Emperor with the words: 'Nie sah ich einen größeren Menschen, und nie werdet ihr einen größeren sehen.' Thus, by a supreme twist of irony, Odoaker, the enemy, is the only man to recognize the true greatness of Romulus.

Bibliography

I. WORKS BY DÜRRENMATT

(a) Plays
    Es steht geschrieben (1947)
    Der Blinde (1948)
    Romulus der Große (1949 and 1957)
    Die Ehe des Herrn Mississippi (1952)
    Ein Engel kommt nach Babylon (1953)
    Der Besuch der alten Dame (1956)
    Frank der Fünfte (1959)
    Die Physiker (1962)
    Herkules und der Stall des Augias (1963)
    Der Meteor (1966)
    Die Wiedertäufer (1967)

(b) Radio Plays
    Der Prozeß um des Esels Schatten (1951, publ. 1958)
    Nächtliches Gespräch (1952, publ. 1957)
    Stranitzky und der Nationalheld (1953)
    Herkules und der Stall des Augias (1954)
    Das Unternehmen der Wega (1955)
    Abendstunde im Spätherbst (1957)

(c) Novels and Stories
    Die Stadt (1952)
    Der Richter und sein Henker (1952)
    Der Verdacht (1953)
    Grieche sucht Griechin (1955)
    Die Panne (1956)
    Das Versprechen (1958)

(d) Essays
    Theaterprobleme (1955)
    Friedrich Schiller. Eine Rede (1960)
    Theater-Schriften und Reden (1966)

II. SELECT LITERATURE ON DÜRRENMATT

Hans Bänziger, *Max Frisch und Friedrich Dürrenmatt* (A. Francke Verlag, Berne 1960)

Elisabeth Brock-Sulzer, *Friedrich Dürrenmatt. Stationen seines Werkes* (Verlag der Arche, Zürich 1960)

Therese Poser, *Friedrich Dürrenmatt.* In: *Zur Interpretation des modernen Dramas*, ed. by Rolf Geißler (Verlag Moritz Diesterweg, Frankfurt a/M 1959)

Joseph Strelka, *Brecht, Horvath, Dürrenmatt* (Vienna 1962)

Hans Mayer, *Dürrenmatt und Frisch* (Pfullingen 1963)

Urs Jenny, *Friedrich Dürrenmatt* (Friedrich Verlag, Velber/ Hannover 1965)

FRIEDRICH DÜRRENMATT

Dürrenmatt

ROMULUS DER GROSSE

EINE UNGESCHICHTLICHE HISTORISCHE KOMÖDIE

IN VIER AKTEN

Romulus Augustus	Kaiser von Westrom
Julia	seine Frau
Rea	seine Tochter
Zeno der Isaurier	Kaiser von Ostrom
Ämilian	Römischer Patrizier
Mares	Kriegsminister
Tullius Rotundus	Innenminister
Spurius Titus Mamma	Reiterpräfekt
Achilles	Kammerdiener
Pyramus	Kammerdiener
Apollyon	Kunsthändler
Cäsar Rupf	Industrieller
Phylax	Schauspieler
Odoaker	Fürst der Germanen
Theoderich	sein Neffe
Phosphoridos	Kämmerer
Sulphurides	Kämmerer

Ein Koch, Dienstmänner, Germanen

Zeit: Vom Morgen des 15. bis zum Morgen des 16. März vierhundertsechsundsiebzig nach Christi Geburt

Ort: Villa des Kaisers Romulus in Campanien

MAN ZÄHLT DAS JAHR VIERHUNDERTSECHSUNDSIEBZIG,
*als an einem frühen Märzmorgen der Präfekt Spurius Titus Mamma
auf verendendem Pferd den kaiserlichen Sommersitz in Campanien er-* ✱
*reicht, den seine Majestät auch Winters bewohnt. Er springt ab, ver-
dreckt, mühsam, den linken Arm in einem blutverschmierten Verband,
stolpert, scheucht unermeßliche Scharen von gackernden Hühnern auf,
eilt, da er niemanden findet, durch die Villa, betritt endlich des Kaisers
Arbeitszimmer. Zuerst scheint ihm auch hier alles leer, öde. Nur einige
Stühle, wackelig, halb zerfallen, an den Wänden die ehrwürdigen Büsten der Staatsmänner, Denker und Dichter der römischen Geschichte,
alle mit etwas übertrieben ernsten Gesichtern ...*

SPURIUS TITUS MAMMA: Hallo! Hallo!
*Schweigen. Doch bemerkt der Präfekt endlich zu beiden Seiten der
Türe in der Mitte des Hintergrundes zwei uralte Kammerdiener,
grau, unbeweglich wie Statuen, Pyramus und Achilles, seit Jahren
im Dienste der Imperatoren. Der Präfekt starrt sie verwundert an,
gebannt von der ehrwürdigen Erscheinung, und wird ganz zaghaft.*
SPURIUS TITUS MAMMA: Hallo!
PYRAMUS: Ruhe, junger Mann.
SPURIUS TITUS MAMMA: Endlich. Ich dachte schon, hier sei
alles ausgestorben. Ich bin müde wie ein Hund.
Er wirft sich keuchend in einen Sessel.
ACHILLES: Wer sind Sie denn?
SPURIUS TITUS MAMMA: Spurius Titus Mamma, Präfekt der
Reiterei.
PYRAMUS: Was wollen Sie denn?

SPURIUS TITUS MAMMA: Ich muß den Kaiser sprechen.

ACHILLES: Angemeldet?

SPURIUS TITUS MAMMA: Keine Zeit für Formalitäten. Die Nachricht eilt, die ich bringe.

PYRAMUS: Am Hofe eines römischen Kaisers eilt nichts, Spurius Titus Mamma.

Der Präfekt springt wütend auf.

* SPURIUS TITUS MAMMA: Ich bringe eine Botschaft aus Pavia.
* Schlimme Nachricht vom kaiserlichen Feldherrn Orestes!

Die beiden Kammerdiener sehen sich nachdenklich an.

PYRAMUS: Schlimme Nachricht aus Pavia.

Achilles schüttelt den Kopf.

ACHILLES: Pavia ist eine zu unbedeutende Stadt, als daß die Nachricht wirklich schlimm sein könnte.

SPURIUS TITUS MAMMA: Das römische Weltreich kracht zusammen!

Er ist einfach fassungslos über die Ruhe der beiden.

PYRAMUS: Unmöglich.

ACHILLES: Ein so großes Unternehmen wie das römische Imperium kann gar nicht vollständig zusammenkrachen.

SPURIUS TITUS MAMMA: Die Germanen kommen!

ACHILLES: Die kommen schon seit fünfhundert Jahren, Spurius Titus Mamma.

Der Präfekt packt den Kammerdiener Achilles und rüttelt ihn wie eine morsche Säule.

SPURIUS TITUS MAMMA: Es ist meine patriotische Pflicht, den Kaiser zu sprechen! Auf der Stelle!

ACHILLES: Wir halten einen Patriotismus nicht für wünschenswert, der zu einem kultivierten Betragen im Gegensatz steht.

SPURIUS TITUS MAMMA: O Gott!

Er läßt Achilles entmutigt fahren und wird nun von Pyramus begütigt.

PYRAMUS: Ein Wink, junger Mann. Befolgen Sie ihn und Sie erreichen Ihr Ziel blitzschnell. Begeben Sie sich zum Oberhofmeister. Er empfängt in zwei Stunden. Punkt zehn. Schreiben Sie sich in die Liste der angekommenen Personen ein, suchen Sie beim Innenminister um die Bewilligung nach, dem Hofe eine wichtige Nachricht zu überbringen und Sie werden Ihre Botschaft dem Kaiser vielleicht sogar persönlich im Laufe der nächsten Tage melden dürfen.

Der Präfekt weiß nicht mehr, was er denken soll.

SPURIUS TITUS MAMMA: Zum Oberhofmeister!

PYRAMUS: Rechts um die Ecke, dritte Türe links.

SPURIUS TITUS MAMMA: Zum Innenminister!

PYRAMUS: Siebente Türe rechts.

SPURIUS TITUS MAMMA *immer noch fassungslos*: Um es im Verlauf der nächsten Tage zu melden.

ACHILLES: Im Verlauf der nächsten Wochen.

SPURIUS TITUS MAMMA: Unglückseliges Rom! An zwei Kammerdienern bist du zu Fall gekommen!

Er rennt verzweifelt nach links hinaus, die beiden versteinern wieder.

ACHILLES: Ich muß erschüttert feststellen, daß die Sitte des Jahrhunderts abnimmt, je mehr dies zunimmt.

PYRAMUS: Wer unsern Wert verkennt, schaufelt Rom das Grab.

Durch die Türe zwischen den beiden Kammerdienern kommt der Kaiser Romulus Augustus. Purpurtoga, auf dem Kopf ein goldener Lorbeerkranz. Seine Majestät ist über fünfzig, ruhig, behaglich und klar.

PYRAMUS UND ACHILLES: Salve Cäsar.

ROMULUS: Salve. Sind heute die Iden des März?   *

ACHILLES: Zu Befehl, mein Kaiser, die Iden des März.

Er verneigt sich.

ROMULUS: Ein historisches Datum. Nach dem Gesetz sind an diesem Tage die Beamten und Angestellten meines Reichs zu besolden. Ein alter Aberglaube. Um die Ermordung der Kaiser zu verhindern. Holt den Finanzminister.

ACHILLES: Der Finanzminister ist geflüchtet, Majestät.

ROMULUS: Geflüchtet?

PYRAMUS: Mit der Staatskasse, mein Kaiser.

ROMULUS: Warum? Es war ja nichts drin.

ACHILLES: Er hofft, auf diese Weise den allgemeinen Bankrott der staatlichen Finanzen zu verschleiern.

ROMULUS: Ein kluger Mann. Wer einen großen Skandal verheimlichen will, inszeniert am besten einen kleinen. Es sei ihm der Titel «Retter des Vaterlandes» verliehen. Wo befindet er sich jetzt?

ACHILLES: Er hat eine Stelle als Prokurist in einer Weinexportfirma in Syrakus angenommen.

ROMULUS: Hoffen wir, daß es diesem treuen Beamten gelingt, sich von den Verlusten, die der Staatsdienst mit sich bringt, im bürgerlichen Handel zu erholen. Da!

Er nimmt den Lorbeerkranz von seinem Kopf, bricht zwei Blätter ab, die er den beiden überreicht.

ROMULUS: Es lasse sich jeder sein goldenes Lorbeerblatt in Sesterzen umrechnen. Gebt mir aber das Geld wieder zurück nach Abzug der geschuldeten Summe. Ich sollte damit noch den Koch bezahlen, den wichtigsten Mann meines Reichs.

PYRAMUS UND ACHILLES: Zu Befehl, o Kaiser.

ROMULUS: Bei Antritt meiner Regierung befanden sich sechsunddreißig Blätter an diesem goldenen Kranze, dem Sinnbild kaiserlicher Macht, jetzt nur noch fünf.

Er betrachtet nachdenklich seinen Lorbeerkranz und setzt ihn wieder auf.

ROMULUS: Das Morgenessen.

PYRAMUS: Das Frühstück.

ROMULUS: Das Morgenessen. Was in meinem Hause klassisches Latein ist, bestimme ich.

Der Alte trägt ein Tischchen herein, auf dem sich das Morgenessen befindet. Vorerst Schinken, Brot, Spargelwein, eine Schale mit Milch, ein Ei in einem Becher. Achilles trägt einen Stuhl herbei, der Kaiser setzt sich, klopft das Ei auf.

ROMULUS: Augustus hat nichts gelegt?

PYRAMUS: Nichts, mein Kaiser.

ROMULUS: Tiberius?

PYRAMUS: Die Julier nichts.

ROMULUS: Die Flavier?

PYRAMUS: Domitian. Doch von dem wünschen Majestät ausdrücklich kein Ei zu verspeisen.

ROMULUS: Domitian war ein schlechter Kaiser. Er kann Eier legen so viel er will, ich esse sie nicht.

PYRAMUS: Zu Befehl, mein Kaiser.

Majestät löffelt das Ei aus.

ROMULUS: Von wem ist dieses Ei?

PYRAMUS: Wie gewöhnlich von Marc Aurel.   *

ROMULUS: Eine brave Henne. Die andern Kaiser sind nichts wert. Hat sonst noch jemand gelegt?

PYRAMUS: Odoaker.

Er ist etwas geniert.

ROMULUS: Sieh mal.

PYRAMUS: Zwei Eier.

ROMULUS: Enorm. Und mein Feldherr Orestes, der diesen Germanenfürsten besiegen soll?

PYRAMUS: Nichts.

ROMULUS: Nichts. Ich habe nie viel von ihm gehalten. Ich möchte ihn heute abend mit Kastanien gefüllt auf meinem Tische sehen.

PYRAMUS: Sehr wohl, Majestät.

Majestät ißt Schinken und Brot.

ROMULUS: Von der Henne meines Namens weißt du mir nichts zu berichten?

PYRAMUS: Sie ist das edelste und begabteste Tier, das wir besitzen, ein Spitzenprodukt römischer Geflügelzucht.

ROMULUS: Legt es, das edle Tier?

Pyramus sieht Achilles hilfesuchend an.

ACHILLES: Fast, Majestät.

ROMULUS: Fast? Was soll das heißen? Entweder legt ein Huhn oder es legt nicht.

ACHILLES: Noch nicht, mein Kaiser.

Majestät macht eine entschlossene Handbewegung.

ROMULUS: Überhaupt nicht. Wer nichts taugt, taugt in der Pfanne. Der Koch soll mit mir und Orestes auch Caracalla zu- * bereiten.

PYRAMUS: Caracalla haben Sie vorgestern mit Philipus Arabs * zu den Spargeln gegessen, Majestät.

ROMULUS: Dann soll er meinen Amtsvorgänger Julius Nepos * nehmen, der hat auch nichts getaugt. Und in Zukunft möchte ich die Eier der Henne Odoaker auf meinem Morgentische fin- * den, die meine volle Sympathie besitzt. Es muß sich hier um eine erstaunliche Begabung handeln. Man soll von den Germanen nehmen, was sie Gutes hervorbringen, wenn sie schon einmal kommen.

Von links stürzt der Innenminister Tullius Rotundus totenbleich herein.

TULLIUS ROTUNDUS: Majestät!

ROMULUS: Was willst du von deinem Kaiser, Tullius Rotundus?

TULLIUS ROTUNDUS: Es ist entsetzlich! Es ist grauenvoll!

ROMULUS: Ich weiß, mein lieber Innenminister, ich habe dir seit zwei Jahren die Besoldung nicht bezahlt, und heute, wo ich es hätte tun wollen, ist der Finanzminister mit der Staatskasse durchgebrannt.

TULLIUS ROTUNDUS: Unsere Lage ist so katastrophal, daß niemand mehr an Geld denkt, mein Kaiser.

Majestät trinkt Milch.

ROMULUS: Da habe ich wieder einmal Glück gehabt.

TULLIUS ROTUNDUS: Der Präfekt Spurius Titus Mamma ist zwei Tage und zwei Nächte durchgaloppiert, um Majestät Nachricht aus Pavia zu bringen.

ROMULUS: Zwei Tage und zwei Nächte? Allerhand. Man schlage ihn für diese sportliche Leistung zum Ritter.

TULLIUS ROTUNDUS: Ich werde Ritter Spurius Titus Mamma sogleich vor eure Majestät führen.

ROMULUS: Ist er denn nicht müde, Innenminister?

TULLIUS ROTUNDUS: Er ist dem körperlichen und seelischen Zusammenbruch nahe.

ROMULUS: Dann führe ihn ins ruhigste Gastzimmer meines Hauses, Tullius Rotundus. Auch Sportler müssen schlafen.

Der Innenminister stutzt.

TULLIUS ROTUNDUS: Aber die Meldung, Majestät!

ROMULUS: Eben. Auch die entsetzlichste Meldung klingt aus dem Munde eines wohlausgeruhten, frisch gebadeten und rasierten Menschen, der gut gegessen hat, noch ganz angenehm. Er soll morgen kommen.

Der Innenminister ist fassungslos.

TULLIUS ROTUNDUS: Majestät! Es handelt sich um eine weltumstürzende Meldung!

ROMULUS: Meldungen stürzen die Welt nie um. Das tun die Tatsachen, die wir nun einmal nicht ändern können, da sie schon geschehen sind, wenn die Meldungen eintreffen. Die Meldungen regen die Welt nur auf, man gewöhne sie sich deshalb so weit als möglich ab.

Tullius Rotundus verneigt sich verwirrt und geht links hinaus. Pyramus stellt einen großen Rindsbraten vor Romulus auf.

ACHILLES: Kunsthändler Apollyon.

Der Kunsthändler Apollyon kommt von links, elegant, griechisch gekleidet. Verneigt sich.

APOLLYON: Majestät.

ROMULUS: Ich mußte drei Wochen auf dich warten, Kunsthändler Apollyon.

APOLLYON: Verzeihung, Majestät, ich war in Alexandrien auf einer Auktion.

ROMULUS: Du ziehst eine Versteigerung in Alexandrien dem Konkurs des römischen Imperiums vor?

APOLLYON: Geschäfte, Majestät, Geschäfte.

ROMULUS: Na und? Bist du nicht mit den Büsten zufrieden gewesen, die ich dir verkauft habe? Besonders der Cicero war ein kostbares Stück.

APOLLYON: Ein Sonderfall, Majestät. Habe fünfhundert Gipsabdrücke an die Gymnasien verschicken können, die man jetzt überall in den germanischen Urwäldern errichtet.

ROMULUS: Um Gottes willen, Apollyon, Germanien wird zivilisiert?

APOLLYON: Das Licht der Vernunft läßt sich nicht aufhalten. Wenn die Germanen ihr Land zivilisieren, werden sie nicht mehr ins römische Reich einbrechen.

Majestät zerschneidet den Rindsbraten.

ROMULUS: Wenn die Germanen nach Italien oder Gallien kommen, zivilisieren wir sie, aber wenn sie in Germanien bleiben, zivilisieren sie sich selbst und das muß fürchterlich werden. Willst du nun die übrigen Büsten kaufen oder nicht?

Der Kunsthändler sieht sich um.

APOLLYON: Ich muß sie noch einmal gründlich untersuchen. Für Büsten ist die Nachfrage gering, eigentlich gehen heute nur ✳

die von großen Boxern und üppigen Hetären. Außerdem scheinen mir einige etwas zweifelhaften Stils.

ROMULUS: Jede Büste hat den Stil, den sie verdient. Achilles, gib dem Apollyon eine Leiter.

Achilles reicht dem Kunsthändler eine kleine Leiter, die der Grieche besteigt, um nun während des Folgenden mit der Untersuchung der Büsten beschäftigt zu sein, bald auf der Leiter, bald niedersteigend, die Leiter weiterschiebend. Von rechts kommt die Kaiserin Julia.

JULIA: Romulus!

ROMULUS: Liebe Frau?

JULIA: Wenn du wenigstens in diesem einen Augenblick nicht essen würdest!

Majestät legt Gabel und Messer nieder.

ROMULUS: Wie du willst, meine Julia.

JULIA: Ich bin in großer Sorge, Romulus. Oberhofmeister Äbius hat mir zu verstehen gegeben, daß eine schreckliche Nachricht eingetroffen ist. Nun traue ich zwar Äbius nicht recht, denn er ist ein Germane und heißt doch eigentlich Äbi –

ROMULUS: Äbius ist der einzige Mensch, der alle fünf Weltsprachen, Lateinisch, Griechisch, Hebräisch, Germanisch und Chinesisch fließend zu reden versteht, wobei ich freilich zugebe, daß Germanisch und Chinesisch mir ein und das selbe zu sein scheinen. Aber wie es auch sei, Äbius ist so gebildet, wie dies überhaupt kein Römer sein kann.

JULIA: Du bist direkt germanophil, Romulus.

ROMULUS: Unsinn, ich liebe sie noch lange nicht so wie meine Hühner.

JULIA: Romulus!

ROMULUS: Bring das Gedeck meiner Frau und Odoakers erstes Ei, Pyramus.

JULIA: Ich muß dich bitten, an mein krankes Herz zu denken.

ROMULUS: Drum setz dich und iß.

Die Kaiserin setzt sich seufzend links an den Tisch.

JULIA: Willst du mir nun endlich sagen, welche schreckliche Nachricht heute morgen angekommen ist?

ROMULUS: Ich weiß es nicht. Der Eilbote, der sie brachte, schläft.

JULIA: Dann laß ihn wecken, Romulus!

ROMULUS: Denk an dein Herz, liebe Frau.

JULIA: Als Landesmutter... *

ROMULUS: Als Landesvater bin ich vielleicht Roms letzter *
Kaiser und nehme schon aus diesem Grunde eine etwas trostlose
Stellung in der Weltgeschichte ein. Ungünstig komme ich auf
alle Fälle weg. Nur *einen* Ruhm lasse ich mir nicht rauben: Man
soll von mir nicht sagen dürfen, ich hätte jemals den Schlaf eines
Menschen unnötigerweise gestört.

Von rechts kommt Prinzessin Rea.

REA: Guten Tag, Vater.

ROMULUS: Guten Tag, meine Tochter.

REA: Gut geschlafen?

ROMULUS: Seit ich Kaiser bin, schlafe ich immer gut.

Rea setzt sich rechts an den Tisch.

ROMULUS: Pyramus, bring das Gedeck der Prinzessin und
Odoakers zweites Ei.

REA: O, hat Odoaker ein zweites Ei gelegt?

ROMULUS: So ein Germane legt immer. Willst du Schinken?

REA: Nein.

ROMULUS: Kalten Rindsbraten?

REA: Nein.

ROMULUS: Ein Fischchen?

REA: Auch nicht.

ROMULUS: Spargelwein?

Er runzelt die Stirne.

REA: Nein, Vater.

ROMULUS: Seit du beim Schauspieler Phylax dramatischen Unterricht nimmst, hast du keinen Appetit mehr. Was studierst du
denn?

REA: Das Klagelied der Antigone, bevor sie in den Tod geht.

ROMULUS: Studiere nicht diesen alten, traurigen Text, übe dich
in der Komödie, das steht uns viel besser.

Die Kaiserin ist empört.

JULIA: Romulus, du weißt genau, daß sich dies für ein Mädchen
nicht schickt, dessen Bräutigam seit drei Jahren in germanischer
Gefangenschaft schmachtet.

ROMULUS: Beruhige dich, Frau. Wer so aus dem letzten Loch
* pfeift wie wir alle, kann nur noch Komödien verstehen.

ACHILLES: Kriegsminister Mares bittet Majestät sprechen zu
dürfen. Es sei dringend.

ROMULUS: Es ist seltsam, daß sich immer dann der Kriegsminister meldet, wenn ich über Literatur spreche. Er soll nach
dem Morgenessen kommen.

JULIA: Melde dem Kriegsminister, die kaiserliche Familie freue
sich, ihn zu sehen, Achilles.

*Achilles verbeugt sich und geht nach links. Majestät wischt sich mit
der Serviette den Mund ab.*

ROMULUS: Du bist wieder übertrieben martialisch, liebe Frau.

Der Kriegsminister kommt von links, verbeugt sich.

MARES: Majestät.

ROMULUS: Es ist merkwürdig, wie bleich heute meine Hof-
beamten sind. Schon beim Innenminister ist mir dies aufgefallen.
Was willst du, Mares?

MARES: Als für den Verlauf des Krieges gegen die Germanen
verantwortlicher Minister muß ich Majestät auffordern, den
Präfekten der Reiterei Spurius Titus Mamma auf der Stelle zu
empfangen.

ROMULUS: Schläft denn der Sportler immer noch nicht?

MARES: Es ist eines Soldaten unwürdig zu schlafen, wenn er
seinen Kaiser in Not weiß.

ROMULUS: Das Pflichtbewußtsein meiner Offiziere fängt an
mir lästig zu werden.

Die Kaiserin erhebt sich.

JULIA: Romulus!

ROMULUS: Liebste Julia?

JULIA: Gleich wirst du den Spurius Titus Mamma empfangen.

Pyramus flüstert dem Kaiser etwas ins Ohr.

ROMULUS: Das ist ganz unnötig, Frau. Eben meldet Pyramus,
Odoaker habe ein drittes Ei gelegt.

JULIA: Romulus, dein Reich wankt, deine Soldaten opfern sich
und du sprichst unablässig von deinem Federvieh!

ROMULUS: Das ist völlig legitim, seit die Gänse das Kapitol ge-
* rettet haben. Ich brauche Spurius Titus Mamma nicht mehr.

Der Germanenfürst Odoaker hat Pavia erobert, denn das Huhn seines Namens hat drei Eier gelegt. So viel Übereinstimmung ist noch in der Natur oder es gibt keine Weltordnung.

Bestürzung.

REA: Mein Vater!

JULIA: Das ist nicht wahr!

MARES: Es ist leider die Wahrheit, Majestät. Pavia ist gefallen. Rom erlitt die bitterste Niederlage seiner Geschichte. Der Präfekt überbrachte die letzten Worte des Feldherrn Orestes, der mit seinem ganzen Heere in germanische Gefangenschaft fiel. ✳

ROMULUS: Ich kenne die letzten Worte meiner Feldherren, bevor sie in germanische Gefangenschaft fallen: Solange noch eine Ader in uns lebt, gibt keiner nach. Das hat noch jeder gesagt. Melde dem Präfekten der Reiterei, Kriegsminister, er solle sich nun endgültig schlafen legen.

Mares verneigt sich stumm und geht nach links hinaus.

JULIA: Du mußt etwas tun, Romulus, du mußt sofort etwas tun, sonst sind wir verloren!

ROMULUS: Ich werde heute Nachmittag eine Proklamation an meine Soldaten entwerfen.

JULIA: Deine Legionen sind bis zum letzten Mann zu den Germanen übergelaufen.

ROMULUS: Dann werde ich Mares zum Reichsmarschall ernennen.

JULIA: Mares ist ein Trottel.

ROMULUS: Das stimmt, aber es fällt heutzutage auch keinem vernünftigen Menschen mehr ein, Kriegsminister des römischen Imperiums zu werden. Ich lasse ein Kommuniqué über meine gute Gesundheit veröffentlichen.

JULIA: Das nützt doch nichts!

ROMULUS: Du kannst von mir doch unmöglich verlangen, daß ich mehr tue als regieren, liebe Frau.

Apollyon ist von seiner Leiter gestiegen, hat sich dem Kaiser genähert und zeigt ihm eine Büste.

APOLLYON: Für diesen Ovid biete ich drei Goldstücke, Majestät.

ROMULUS: Vier. Ovid war ein großer Dichter.

JULIA: Was ist dies für ein Mensch, Romulus?

ROMULUS: Das ist der Kunsthändler Apollyon aus Syrakus, dem ich meine Büsten verkaufe.

JULIA: Du kannst doch unmöglich die bedeutenden Dichter, Denker und Staatsmänner von Roms großer Vergangenheit verschleudern!

ROMULUS: Wir haben Ausverkauf.

JULIA: Denke daran, daß diese Büsten das einzige sind, das dir
✳ mein Vater Valentinianus hinterlassen hat.

ROMULUS: Du bist ja auch noch da, liebe Frau.

REA: Ich halte das einfach nicht mehr aus!

Sie steht auf.

JULIA: Rea!

REA: Ich gehe die Antigone studieren!

Sie geht rechts hinaus.

JULIA: Siehst du, auch deine Tochter versteht dich nicht mehr!

ROMULUS: Das kommt nur vom dramatischen Unterricht.

APOLLYON: Drei Goldstücke und sechs Sesterzen. Mein letztes Angebot, Majestät.

ROMULUS: Nimm noch einige Büsten, wir rechnen dann en gros ab.

Apollyon besteigt seine Leiter aufs neue. Von links stürzt der Innenminister herein.

TULLIUS ROTUNDUS: Majestät!

ROMULUS: Was willst du wieder, Tullius Rotundus?

✳ TULLIUS ROTUNDUS: Zeno der Isaurier, der Kaiser von Ostrom, bittet um Asyl.

ROMULUS: Zeno der Isaurier? Ist denn der auch nicht sicher in seinem Konstantinopel?

TULLIUS ROTUNDUS: Niemand ist mehr sicher in dieser Welt.

ROMULUS: Wo ist er denn?

TULLIUS ROTUNDUS: Im Vorzimmer.

ROMULUS: Brachte er seine Kämmerer Sulphurides und Phosphoridos mit?

TULLIUS ROTUNDUS: Die einzigen, die sich mit ihm flüchten konnten.

ROMULUS: Wenn der Sulphurides und Phosphoridos draußen

bleiben, darf der Zeno hereinkommen. Byzantinische Kämmerer sind mir zu streng.

TULLIUS ROTUNDUS: Sehr wohl, mein Kaiser.

Von links stürzt Kaiser Zeno der Isaurier herein, bedeutend kostbarer und eleganter gekleidet als sein weströmischer Kollege.

ZENO: Ich grüße dich, erhabener kaiserlicher Bruder.

ROMULUS: Ich grüße dich.

ZENO: Ich grüße dich, erhabene kaiserliche Schwester!

JULIA: Ich grüße dich, erhabener kaiserlicher Bruder!

Umarmungen. Zeno wirft sich in die Stellung eines Asyl suchenden oströmischen Kaisers.

ZENO: Hilfe erbitt ich –

ROMULUS: Ich bestehe nicht darauf, daß du die sicher zahlreichen Verse rezitierst, die das byzantinische Zeremoniell einem Kaiser vorschreibt, wenn er um Asyl bitten will, lieber Zeno.

ZENO: Ich möchte meine Kämmerer nicht düpieren.

ROMULUS: Ich habe sie gar nicht hereingelassen, deine Kämmerer.

ZENO: Gut. So will ich heute ausnahmsweise die vorgeschriebene Formel nicht aufsagen, wenn meine Kämmerer mich nicht sehen. Ich bin erschöpft. Seit ich Konstaninopel verlassen habe, mußte ich die unzähligen Verse des «Hilfe erbitt ich» ungefähr drei Mal täglich vor allen möglichen politischen Persönlichkeiten aufsagen. Meine Stimme ist ruiniert.

ROMULUS: Setz dich.

ZENO: Danke schön.

Er setzt sich erleichtert an den Tisch, doch stürzen in diesem Augenblick seine beiden Kämmerer herein, beide in strengen schwarzen Gewändern.

DIE BEIDEN: Majestät!

ZENO: Mein Gott! Nun sind die Kämmerer doch hereingekommen!

SULPHURIDES: Die Klageverse, Majestät.

ZENO: Ich habe sie schon aufgesagt, Sulphurides und lieber Phosphoridos.

SULPHURIDES: Unmöglich, Majestät. Ich appelliere an Ihren Stolz. Sie sind kein flüchtender Privatmann, Sie sind ein emigrierter oströmischer Kaiser und haben sich als solcher freudig dem byzantinischen Hofzeremoniell zu unterwerfen, mag dies noch so unverständlich sein. Dürfen wir nun bitten?

ZENO: Wenn es unbedingt sein muß.

PHOSPHORIDOS: Es muß sein, Majestät. Das byzantinische Hofzeremoniell ist nicht nur ein Gleichnis der Weltordnung, sondern ist diese Weltordnung auch selber. Das sollten Sie nun einmal begriffen haben. Also los, Majestät, beschämen Sie Ihre Kämmerer nicht länger.

ZENO: Ich will ja.

SULPHURIDES: Drei Schritte zurück, Majestät.

PHOSPHORIDOS: Trauerstellung, Majestät.

ZENO: Hilfe erbitt ich, o Mond in des Weltalls finsterer Nacht, Hilfe suchend

SULPHURIDES: Gnade suchend

ZENO: Gnade suchend nahe ich dir, es sei der Mond

PHOSPHORIDOS: Die Sonn

ROMULUS: Achill! Pyramus!

PYRAMUS: Mein Kaiser?

ACHILLES: Majestät?

ROMULUS: Werft die beiden byzantinischen Kämmerer hinaus und sperrt sie in den Hühnerhof!

ACHILLES: Sehr wohl, mein Kaiser.

SULPHURIDES: Wir protestieren!

PHOSPHORIDOS: Feierlich und energisch!

Endlich sind sie von Achill und Pyramus zur Türe hinausgedrängt worden, so daß sie mit Achill verschwinden. Pyramus wischt sich erschöpft den Schweiß ab.

ZENO: Gott sei Dank, nun sind die Kämmerer draußen. Ich bin wie verschüttet, unter einem Wust von Formeln und Regeln begraben, sind sie bei mir. Ich muß mich stilistisch richtig bewegen, stilistisch reden, stilistisch essen und trinken, es ist vor lauter Stil nicht auszuhalten. Doch kaum sind sie fort, fühle ich wieder die alte Kraft meiner isaurischen Väter in mir erwachen, den alten felsenfesten Glauben – ist dein Hühnerhof auch solide vergittert?

ROMULUS: Du kannst dich darauf verlassen. Pyramus, bring ein Gedeck für den Zeno und ein Ei.

PYRAMUS: Wir haben nur noch das Ei Domitians.

ROMULUS: Das ist für diesen Fall schon recht.

ZENO: Eigentlich stehen wir seit sieben Jahren im Krieg miteinander. Nur die gemeinsame germanische Gefahr verhinderte einen größeren Zusammenprall unserer Heere.

Er ist etwas verlegen.

ROMULUS: Krieg? Davon weiß ich ja gar nichts.

ZENO: Aber ich habe dir doch Dalmatien genommen.   ✳

ROMULUS: Hat mir denn das einmal gehört?

ZENO: Es wurde in der letzten Reichsteilung dir zugesprochen.

ROMULUS: Unter uns Kaisern gesagt, ich habe schon lange keine Übersicht mehr in der Weltpolitik. Warum hast du denn Konstantinopel verlassen müssen?

ZENO: Meine Schwiegermutter Verina hat sich mit den Germa- ✳ nen verbündet und mich vertrieben.

ROMULUS: Merkwürdig. Dabei standest du mit den Germanen doch prächtig.   ✳

ZENO: Romulus!

Er ist gekränkt.

ROMULUS: Du hattest dich mit ihnen verbündet, um deinen eigenen Sohn als Kaiser abzusetzen, soweit ich über die komplizierten Verhältnisse am byzantinischen Stuhl informiert bin.

JULIA: Romulus!

ZENO: Die Germanen überfluten unsere Reiche. Die Dämme sind mehr oder weniger eingerissen. Wir können nicht mehr getrennt marschieren. Wir dürfen uns den Luxus kleinlicher Verdächtigungen zwischen unseren beiden Imperien nicht leisten. Wir müssen jetzt unsere Kultur retten.

ROMULUS: Wieso, ist Kultur etwas, das man retten kann?

JULIA: Romulus!

Der Kunsthändler hat sich inzwischen dem Kaiser mit einigen Büsten genähert.

APOLLYON: Für die beiden Gracchen, Pompejus, Scipio und Cato zwei Goldstücke, acht Sesterzen.

ROMULUS: Drei Goldstücke.

APOLLYON: Gut, aber ich nehme Marius und Sulla dazu.

Er klettert wieder auf die Leiter.

23

JULIA: Romulus, ich verlange, daß du jetzt diesen Antiquitäten-händler auf der Stelle fortschickst.

ROMULUS: Das können wir uns unmöglich leisten, Julia. Das Hühnerfutter ist noch nicht bezahlt.

ZENO: Ich staune. Eine Welt geht in Flammen auf und man reißt hier faule Witze. Täglich sterben Tausende von Menschen und hier wurstelt man weiter. Was hat das Hühnerfutter mit den heranrückenden Barbaren zu tun?

ROMULUS: Ich habe schließlich auch meine Sorgen.

ZENO: Man scheint hier die Weltgefahr des Germanismus noch bei weitem nicht in ihrer vollen Größe erkannt zu haben.

Er trommelt mit den Fingern auf den Tisch.

JULIA: Das sage ich auch immer.

ZENO: Die Erfolge der Germanen sind nicht aus materiellen Gründen zu erklären. Wir müssen tiefer sehen. Unsere Städte ergeben sich, unsere Soldaten laufen über, unsere Völker glauben nicht mehr an uns, weil wir an uns selber zweifeln. Wir müssen uns aufraffen, Romulus, uns auf unsere alte Größe besinnen, uns Cäsar, Augustus, Trajan, Konstantin in Erinnerung rufen. Es gibt keinen andern Weg, ohne den Glauben an uns und an unsere weltpolitische Bedeutung sind wir verloren.

ROMULUS: Also gut. Glauben wir.

Schweigen. Man sitzt in gläubiger Haltung da.

ZENO: Du glaubst?

Er ist etwas unsicher.

ROMULUS: Felsenfest.

ZENO: An unsere alte Größe?

ROMULUS: An unsere alte Größe.

ZENO: An unsere geschichtliche Sendung?

ROMULUS: An unsere geschichtliche Sendung.

ZENO: Und Du, Kaiserin Julia?

JULIA: Ich habe immer daran geglaubt.

Zeno ist erleichtert.

ZENO: Ein großartiges Gefühl, nicht? Man spürt förmlich den positiven Zug, der auf einmal durch diese Räume weht! War aber auch höchste Zeit.

Alle drei sitzen gläubig da.

ROMULUS: Und jetzt?

ZENO: Was willst du damit sagen?

ROMULUS: Nun glauben wir.

ZENO: Das ist die Hauptsache.

ROMULUS: Was soll jetzt geschehen?

ZENO: Unwichtig.

ROMULUS: Etwas müssen wir doch nun tun bei dieser Geisteshaltung.

ZENO: Das kommt von selbst. Wir müssen nur eine Idee finden,
die wir dem Schlagwort der Germanen: «Für Freiheit und Leibeigenschaft» entgegensetzen können. Ich schlage vor: Für Sklaverei und Gott!

ROMULUS: Ich weiß nicht, ob Gott auf unserer Seite steht, darüber sind die Nachrichten nun doch zu vage.

ZENO: Für Recht gegen Willkür!

ROMULUS: Auch nicht. Ich bin mehr für einen praktischen,
realisierbaren Wahlspruch. Zum Beispiel: Für Hühnerzucht und
Landwirtschaft.

JULIA: Romulus!

Mares stürzt von links herein. Er ist außer sich.

MARES: Die Germanen marschieren gegen Rom!

Zeno und Julia springen entsetzt auf.

ZENO: Wann geht das nächste Schiff nach Alexandrien?

ROMULUS: Morgen um halb neun. Was willst du dort?

ZENO: Den Kaiser von Abessinien um ein Asyl bitten. Ich will
von dort aus meinen unbeugsamen Kampf gegen den Germanismus fortsetzen – wenn es mir auch bisweilen vorkommt, es wäre
besser, in die Hände der Germanen zu fallen als in jene meiner
Kämmerer.

Die Kaiserin faßt sich langsam.

JULIA: Romulus, die Germanen marschieren gegen Rom und
du bist noch immer beim Morgenessen.

Majestät erhebt sich feierlich.

ROMULUS: Das Vorrecht der Politiker. Ich befördere dich zum
Reichsmarschall, Mares.   *

MARES: Ich werde Rom retten, o Kaiser!

Er fällt auf die Knie und schwingt sein Schwert.

* ROMULUS: Das hat mir gerade noch gefehlt.

Er setzt sich wieder.

MARES: Es kann uns nur noch eines retten: Die totale Mobil-
* machung.

Er steht entschlossen auf.

ROMULUS: Was ist denn das für ein Wort?

MARES: Das habe ich gerade jetzt erfunden. Totale Mobilmachung ist die Bezeichnung für die vollständige Zusammenfassung aller Kräfte einer Nation zu militärischen Zwecken.

ROMULUS: Das gefällt mir schon rein stilistisch nicht.

MARES: Die totale Mobilmachung muß alle Teile des Imperiums
erfassen, die noch nicht vom Feind besetzt worden sind.

ZENO: Der Marschall hat recht. Wir können uns nur durch die
totale Mobilmachung retten. Das ist genau die Idee, die wir
suchen. «Rüste dich total», das leuchtet jedem ein.

ROMULUS: Der Krieg ist schon seit der Erfindung des Knüttels
ein Verbrechen und wenn wir jetzt noch die totale Mobilmachung einführen, wird er ein Unsinn. Ich stelle dir die fünfzig Mann meiner Leibwache zur Verfügung, Reichsmarschall.

MARES: Majestät! Odoaker besitzt eine Armee von Hundert-
tausend gut ausgerüsteten Germanen!

ROMULUS: Je größer ein Feldherr, desto weniger Truppen
braucht er.

MARES: So tief ist ein römischer Feldherr noch nie beleidigt
worden.

*Er salutiert und geht links hinaus. Apollyon hat inzwischen alle
Büsten bis auf die mittelste heruntergeholt.*

APOLLYON: Für den ganzen Rummel gebe ich zehn Goldstücke.

ROMULUS: Es wäre mir doch lieb, wenn du von Roms großer
Vergangenheit respektlicher reden würdest, Apollyon.

APOLLYON: Das Wort Rummel betrifft nur den antiquarischen
Wert der vorliegenden Hinterlassenschaft und bedeutet kein
historisches Urteil.

ROMULUS: Du mußt mir aber die zehn Goldstücke sofort aus-
zahlen.

APOLLYON: Wie immer, Majestät. Eine Büste lasse ich stehen.
Sie stellt den König Romulus dar.

Er zählt zehn Goldstücke aus.

ROMULUS: Aber mein Namensvetter hat doch schließlich Rom gegründet!

APOLLYON: Eine Schülerarbeit. Deshalb zerbröckelt sie schon.

Inzwischen ist der Kaiser von Ostrom ungeduldig geworden.

ZENO: Du hast mich diesem Herrn noch gar nicht vorgestellt, Romulus.

ROMULUS: Das ist der Kaiser von Ostrom, Zeno der Isaurier, Apollyon.

APOLLYON: Majestät.

Er verbeugt sich kühl.

ZENO: Besuchen Sie doch einmal die Insel Patmos, die mir treu ✻ geblieben ist, lieber Apollyon. Ich besitze dort viele eigenartige griechische Altertümer.

APOLLYON: Das läßt sich machen, Majestät.

ZENO: Da ich morgen nach Alexandrien fahre, dürfte ich vielleicht um einen kleinen Vorschuß –

APOLLYON: Tut mir leid. Ich gewähre prinzipiell an kaiserliche Häuser keinen Vorschuß. Die Zeiten sind turbulent, die politischen Institutionen unstabil, das Interesse der Kundschaft wendet sich von der Antike ab und dem germanischen Kunstgewerbe zu, die Kunst der Primitiven wird Trumpf. Ein Greuel, doch über Geschmack läßt sich nicht streiten. Ich darf mich nun von den Majestäten verabschieden.

ROMULUS: Es tut mir leid, Apollyon, daß du mitten in den allgemeinen Zusammenbruch meines Reiches geraten bist.

APOLLYON: O bitte, Majestät. Als Antiquar lebe ich ja schließlich davon. Hinsichtlich der Büsten, die jetzt den Wänden entlang stehen, werde ich einige Dienstmänner schicken.

Er verbeugt sich noch einmal und geht links ab. Der Kaiser von Ostrom schüttelt nachdenklich den Kopf.

ZENO: Ich weiß nicht, Romulus, ich habe schon seit Jahren keinen Kredit mehr bekommen. Ich sehe immer mehr ein, daß wir einen völlig unrentablen Beruf haben.

Von links kommt der Innenminister Tullius Rotundus.

TULLIUS ROTUNDUS: Majestät!

ROMULUS: Schläft der Sportler endlich, Tullius Rotundus?

TULLIUS ROTUNDUS: Es handelt sich nicht um Spurius Titus
Mamma, es handelt sich um Cäsar Rupf.

ROMULUS: Den kenne ich nicht.

TULLIUS ROTUNDUS: Eine wichtige Persönlichkeit. Er schrieb
eurer Majestät einen Brief.

ROMULUS: Seit ich Kaiser bin, lese ich keine Briefe. Was ist er
denn?

TULLIUS ROTUNDUS: Hosenfabrikant. Der Hersteller jener
germanischen Kleidungsstücke, die man über die Beine zieht
und die jetzt auch bei uns Mode werden.

ROMULUS: Ist er reich, Innenminister?

TULLIUS ROTUNDUS: Unermeßlich.

ROMULUS: Endlich ein vernünftiger Mensch.

JULIA: Du wirst ihn sofort empfangen, Romulus.

ZENO: Ich habe den unfehlbaren Instinkt, daß der uns retten
wird.

ROMULUS: Ich lasse den Hosenfabrikanten bitten.

*Von links kommt Cäsar Rupf, eine mächtige dicke Figur, reich ge-
kleidet. Er geht direkt auf Zeno zu, ihn für den Kaiser haltend, der
ihn verlegen auf Romulus weist. In der Hand hält Cäsar Rupf einen
breiten Reisehut antiker Form. Knappe Verbeugung.*

CÄSAR RUPF: Kaiser Romulus.

ROMULUS: Sei gegrüßt. Das ist meine Frau, die Kaiserin Julia,
und dies der Kaiser von Ostrom, Zeno der Isaurier.

Cäsar Rupf nickt ein wenig.

ROMULUS: Was wünschest du von mir, Cäsar Rupf?

CÄSAR RUPF: Mein Geschlecht stammt eigentlich aus Germanien, ist jedoch schon zur Zeit des Kaisers Augustus in Rom an-
gesiedelt und seit dem ersten Jahrhundert führend in der Textil-
branche.

ROMULUS: Das freut mich.

Er gibt den Hut Zeno, der ihn verblüfft hält.

CÄSAR RUPF: Als Hosenfabrikant gehe ich aufs ganze, Majestät.

ROMULUS: Selbstverständlich.

CÄSAR RUPF: Ich bin mir eiskalt bewußt, daß die konservativen
Kreise Roms gegen die Hosen sind, wie immer, wenn wieder
einmal eine Erleuchtung dämmert.

ROMULUS: Wo die Hose anfängt, hört die Kultur auf.

CÄSAR RUPF: Dieses Bonmot können Sie sich als Kaiser natürlich leisten, aber ich als ein Mann der unvernebelten Wirklichkeit sage mir ganz nüchtern, daß der Hose die Zukunft gehört. Ein moderner Staat, der keine Beinkleider trägt, geht totsicher in die Binsen. Daß die Germanen Hosen tragen und so erstaun- *
liche Fortschritte machen, beruht auf einem Urzusammenhang, der zwar den ewigen Staatsmännern, die nie in die Tiefe denken, vollkommen schleierhaft sein muß, aber für einen Geschäftsmann sonnenklar ist. Nur Rom in Hosen wird dem Ansturm der germanischen Horden gewachsen sein.

ROMULUS: Wenn ich deine optimistische Einstellung hätte, lieber Cäsar Rupf, würde ich dann aber auch selber in eines dieser sagenhaften Kleidungsstücke schlüpfen.

CÄSAR RUPF: Ich habe klipp und klar geschworen, erst eine Hose zu tragen, wenn auch dem hintersten Gemüt ein Kirchenlicht aufgegangen ist, daß ohne Beinkleider die Menschheit zu- *
sammenpacken kann. Das ist Berufsehre, Majestät, da kenne ich keine Flausen. Entweder dringt die Hose durch, oder Cäsar *
Rupf dankt ab.

ROMULUS: Was hast du mir für Vorschläge zu machen?

CÄSAR RUPF: Majestät, hier ist die Weltfirma Cäsar Rupf und hier das römische Imperium, das müssen Sie zugeben.

ROMULUS: Gewiß.

CÄSAR RUPF: Schenken wir uns klares Wasser ein, das von *
keinen Sentimentalitäten getrübt ist. Hinter mir stehen ein paar Milliarden Sesterzen und hinter Ihnen der pure Abgrund.

ROMULUS: Man kann den Unterschied nicht besser formulieren.

CÄSAR RUPF: Zuerst habe ich mir gedacht, ich kaufe mir das römische Imperium ganz einfach auf.

Der Kaiser kann seine freudige Erregung nicht ganz unterdrücken.

ROMULUS: Darüber müssen wir uns ernstlich unterhalten, Cäsar Rupf. Auf alle Fälle schlage ich dich zum Ritter. Ein Schwert, Achilles!

CÄSAR RUPF: Danke, Majestät, ich habe schon alle überhaupt möglichen Orden aufgekauft. Sehn Sie, um eiskalt zu reden, ich bin doch wieder vom Kauf abgekommen. Das römische Imperium ist so heruntergewirtschaftet, daß die Renovation sogar für eine Weltfirma teuer zu stehen käme, ohne daß man wüßte, ob sich das lohnt. Wir haben dann einen Riesenstaat, und das ist auch wieder nichts. Entweder ist man Weltfirma oder Imperium und da muß ich schon ausdrücklich sagen, lieber Weltfirma, das rentiert besser. Ich bin gegen den Kauf, Kaiser Romulus, aber ich bin nicht gegen Liaison.

ROMULUS: Wie stellst du dir denn eine Verbindung zwischen dem Imperium und deiner Firma vor?

CÄSAR RUPF: Rein organisch, wie ich überhaupt als Geschäftsmann nur fürs Organische bin. Denke organisch, sonst machst du Pleite, ist meine Devise. Zuerst stellen wir die Germanen vor die Türe.

ROMULUS: Gerade dies ist ziemlich schwierig.

CÄSAR RUPF: Ein Kaufmann von Weltformat kennt das Wort Schwierigkeit nicht, wenn er über das nötige Kleingeld verfügt. Odoaker hat sich auf meine Anfrage hin schriftlich bereit erklärt, für eine Summe von zehn Millionen Italien zu räumen.

ROMULUS: Odoaker?

CÄSAR RUPF: Der germanische Feldherr.

ROMULUS: Merkwürdig. Gerade ihn hielt ich nicht für käuflich.

CÄSAR RUPF: Alle sind heute käuflich, Majestät.

ROMULUS: Und was verlangst du von mir als Gegenleistung für diese Hilfe, Cäsar Rupf?

CÄSAR RUPF: Wenn ich die zehn Millionen zahle und noch einige Milliönchen ins Imperium stecke, so daß sich das Ganze gerade noch knapp über Wasser hält ohne abzusacken, wie das bei jedem gesunden Staat der Fall ist, verlange ich als Bedingung – abgesehen davon, daß die Hosen obligatorisch erklärt werden – Ihre Tochter Rea zur Frau, denn es ist sonnenklar, daß wir nur so die Liaison organisch untermauern können.

ROMULUS: Meine Tochter ist mit einem verarmten Patrizier verlobt, der seit drei Jahren in germanischer Gefangenschaft schmachtet.

CÄSAR RUPF: Sie sehen, Majestät, ich bin eiskalt. Sie müssen mir, ohne mit der Wimper zu zucken, zugeben, daß das römische

Imperium nur noch durch eine solide Verbindung mit einer erfahrenen Firma gerettet werden kann, sonst kommen die Germanen, die schon vor Rom lauern, mit krachenden Riesenschritten heran. Sie werden mir heute Nachmittag Ihre Antwort geben. Wenn nein, heirate ich die Tochter Odoakers. Die Firma Rupf muß an einen Erben denken. Ich bin in den besten Jahren, und die Stürme des Geschäftslebens, gegen die eure Schlachten nur Zimperlichkeiten sind, machten es mir bis jetzt unmöglich, das Glück in den Armen einer trauten Gemahlin zu suchen. Es ist nicht leicht, zwischen den beiden Möglichkeiten zu wählen. Wenn es auch politisch natürlicher wäre, ohne zu zögern die Germanin zu nehmen, so hat mich anderseits die Dankbarkeit meinem Gastlande gegenüber bewogen, Ihnen diesen Vorschlag zu machen, denn ich möchte nicht, daß die Firma Rupf auf dem Forum der Geschichte in den Verdacht der Parteilichkeit kommt.

Er verbeugt sich knapp, reißt Zeno den Hut aus der Hand und geht links hinaus. Die drei andern bleiben verblüfft an ihrem Tische sitzen und schweigen.

JULIA: Romulus, du sprichst jetzt sofort mit Rea.

ROMULUS: Was soll ich denn mit Rea reden, liebe Frau?

JULIA: Sie wird sofort diesen Cäsar Rupf heiraten!

ROMULUS: Das römische Imperium verkaufe ich ihm auf der Stelle für eine Handvoll Sesterzen, aber es fällt mir nicht ein, meine Tochter zu verschachern.

JULIA: Rea wird sich freiwillig für das Imperium opfern.

ROMULUS: Wir haben durch die Jahrhunderte hindurch soviel dem Staat geopfert, daß es jetzt Zeit ist, daß sich der Staat für uns opfert.

JULIA: Romulus!

ZENO: Wenn deine Tochter jetzt nicht heiratet, geht die Welt unter.

ROMULUS: Wir gehen unter. Das ist ein großer Unterschied.

ZENO: Wir sind die Welt.

ROMULUS: Wir sind Provinzler, denen eine Welt über den Kopf wächst, die sie nicht begreifen können.

ZENO: Ein Mensch wie du sollte nicht Kaiser von Rom sein!

Er schlägt die Faust auf den Tisch und geht rechts hinaus. Von links kommen fünf schmerbäuchige Dienstmänner.

ERSTER DIENSTMANN: Wir kommen, um Büsten zu holen.

ROMULUS: O bitte, sie stehen an den Wänden herum.

ERSTER DIENSTMANN: Es sind Kaiser. Laßt keinen fallen, die gehen immer wie nichts kaputt.

Der Raum ist mit Dienstmännern angefüllt, die Büsten hinaustragen.

JULIA: Romulus. Man nennt mich Julia die Landesmutter und ich bin stolz auf diesen Ehrentitel. Und nun will ich auch als Landesmutter zu dir reden. Du sitzest den ganzen Tag beim Morgenessen, du interessierst dich nur für deine Hühner, du empfängst den Eilboten nicht, du weigerst dich, alles zu mobilisieren, du ziehst nicht gegen den Feind, du willst deine Tochter nicht dem geben, der uns allein retten kann. Was willst du denn eigentlich?

ROMULUS: Ich möchte die Weltgeschichte nicht stören, liebe Julia.

JULIA: Dann schäme ich mich, deine Frau zu sein!

Sie geht rechts hinaus.

ROMULUS: Trage das Gedeck hinaus, Pyramus. Ich habe mein Morgenessen beendet.

Er wischt sich mit der Serviette den Mund. Pyramus trägt den Tisch weg.

ROMULUS: Das Wasser, Achilles.

Achilles bringt das Wasser. Romulus wäscht sich die Hände. Durch die Türe links stürzt Spurius Titus Mamma.

SPURIUS TITUS MAMMA: Mein Kaiser!

Er fällt vor ihm auf die Knie.

ROMULUS: Wer bist du?

SPURIUS TITUS MAMMA: Der Präfekt Spurius Titus Mamma.

ROMULUS: Was willst du?

SPURIUS TITUS MAMMA: In zwei Tagen und zwei Nächten bin ich von Pavia hieher geritten. Sieben Pferde stürzten unter mir tot zusammen, drei Pfeile verwundeten mich und wie ich ankam, ließ man mich nicht zu dir. Hier, mein Kaiser, die Botschaft deines letzten Feldherrn Orestes, bevor er in die Hände der Feinde fiel!

Er hebt eine Pergamentrolle zu Romulus empor. Der Kaiser bleibt unbeweglich.

ROMULUS: Du bist verwundet, erschöpft. Warum diese unmäßige Anstrengung, Spurius Titus Mamma?

SPURIUS TITUS MAMMA: Damit Rom lebe!

ROMULUS: Rom ist längst gestorben. Du opferst dich einem Toten, du kämpfst für einen Schatten, du lebst für ein zerfallenes Grab. Geh schlafen, Präfekt, die heutige Zeit hat dein Heldentum in eine Pose verwandelt!

Er steht majestätisch auf und geht durch die Türe in der Mitte des Hintergrundes hinaus. Spurius Titus Mamma erhebt sich völlig verstört, wirft dann plötzlich die Botschaft des Orestes auf den Boden, stampft darauf herum und schreit auf.

SPURIUS TITUS MAMMA: Rom hat einen schändlichen Kaiser!

NACHMITTAG DES UNHEILVOLLEN MÄRZTAGES VIER-
*hundertsechsundsiebzig. Park vor dem Landhause des Kaisers. Überall
Moos, Efeu, Unkraut. Überall Gegacker, Kikerikis. Hin und wieder
fliegen Hühner über die Bühne, besonders wenn jemand kommt. Im
Hintergrund, arg vom Federvieh mitgenommen, die Front der halb zer-
fallenen Villa mit einer Türe, von der eine Treppe in den Park führt.
An den Wänden mit Kreide geschmiert: «Es lebe die Leibeigenschaft!
Es lebe die Freiheit.» Eindruck, sich in einem Hühnerhof zu befinden,
obschon im Vordergrund rechts einige Gartenstühle von zierlicher
Form stehen, die einst bessere Tage sahen. Manchmal ist die Szene in
einen düsteren Rauch gehüllt, der aus einem niedrigen Gebäude dringt.
Die Kanzlei, vielleicht links zu denken im rechten Winkel zur Villa.
Alles in allem: Brütende Verzweiflung, Weltuntergangszauber, après   *
nous le déluge. Personen: Auf einem Stuhl der Innenminister Tullius   *
Rotundus, auf einem andern der Kriegsminister Mares, nun Reichsmarschall, wie wir wissen, in voller Rüstung, schlafend, eine Karte
Italiens über die Knie gebreitet, Helm, Marschallstab daneben auf dem
Boden. Der Schild lehnt gegen die Hauswand, auch auf ihn ist die germanische Parole geschmiert. Spurius Titus Mamma, immer noch ver-
schmutzt und verbunden, geht mühsam der Wand der Kanzlei entlang,
lehnt sich an die Mauer, schleppt sich wieder weiter.*

SPURIUS TITUS MAMMA: Ich bin müde. Ich bin müde. Ich bin
todmüde.
    *Aus der Türe der Villa kommt ein Koch mit weißer Schürze und
    hoher Mütze.*
DER KOCH: Habe die Ehre, das Diner bekannt geben zu dürfen.
Verspeist werden heute, an den Iden des März vierhundertsechs-
undsiebzig, eine Gemüsesuppe und drei Hühner mit gebratenen
Kastanien auf Campaner Art zubereitet.
    *Er geht lockend, das Messer auf dem Rücken, nach rechts in den
    Park. Die Hühner gackern verzweifelt auf.*
DER KOCH: Julius Nepos, Orestes, Romulus bibibibi...
    *Von links taucht Zeno der Isaurier auf, bleibt stehen und wischt sich
    die Sandale am Boden ab.*

ZENO: Jetzt bin ich wieder auf ein Ei getreten. Gibt es hier eigentlich nichts als Hühner? Meine Sandalen sind schon ganz klebrig und gelb.

TULLIUS ROTUNDUS: Die Hühnerzucht ist die einzige Leidenschaft des Kaisers.

Von rechts rennt ein Eilbote in den Palast.

DER EILBOTE: Die Germanen in Rom! Die Germanen in Rom!

TULLIUS ROTUNDUS: Schon wieder eine Unglücksbotschaft. So geht das den ganzen Tag.

ZENO: Das kommt nur von dieser Hühnermanie. Hoffentlich betet der Kaiser wenigstens *jetzt* in der Hofkapelle für seine Völker.

TULLIUS ROTUNDUS: Der Kaiser schläft.

ZENO: Wir versuchen fieberhaft, die Zivilisation zu retten, und der Kaiser schläft – was riecht denn hier so nach Rauch?

TULLIUS ROTUNDUS: Wir verbrennen die Archive.

Zeno ist wie vom Donner gerührt.

ZENO: Ihr – verbrennt – die Archive. Weshalb denn, um Himmels willen?

TULLIUS ROTUNDUS: Die wertvollen Dokumente römischer Regierungskunst dürfen unter keinen Umständen in die Hände der Germanen geraten, und zum Abtransport fehlen uns die finanziellen Mittel.

ZENO: Und da verbrennt ihr einfach die Archive. Frisch und fröhlich, wie wenn es keinen Glauben an den Endsieg des Guten gäbe. Eurem Westrom ist wirklich nicht mehr zu helfen, es ist verderbt bis auf die Knochen. Kein Elan, kein Mut –

Von rechts kommen die beiden Kämmerer.

DIE BEIDEN: Majestät.

ZENO: Die Kämmerer. Aus dem Hühnerhof entwichen.

Er ist tödlich erschrocken. Die beiden nehmen ihn an der Hand.

SULPHURIDES: Nun wollen wir die Klageverse repetieren, Majestät. Das haben wir dringend nötig.

PHOSPHORIDOS: Darf ich bitten, Zeno der Isaurier.

ZENO: Hilfe erbitt ich, o Sonn –

SULPHURIDES: O Mond –

ZENO: O Mond in des Weltalls finsterer Nacht. Gnade suchend nahe ich dir, es sei der Mond –

PHOSPHORIDOS: Die Sonn –

ZENO: Die Sonn – da, wieder ein Ei!

Er wischt sich die Sandalen ab und wird von den Kämmerern nach links hinausgeführt.

SPURIUS TITUS MAMMA: Hundert Stunden habe ich nicht geschlafen. Hundert Stunden.

Entsetzliches Hühnergegacker. Von rechts kommt der Koch und verschwindet in der Villa, in jeder Hand ein Huhn, ein weiteres unter den rechten Arm geklemmt, die Schürze blutbespritzt.

DER KOCH: Das nennt sich Hühner. So was muß ich auftischen.   ✳ Namen nach lauter Kaisern und dabei so mager, daß es kaum für eine Suppe langen würde. Zum Glück gibt es Kastanien dazu, da haben die Herrschaften wenigstens was für den Magen, wenns auch nur ein Hundefutter ist.

SPURIUS TITUS MAMMA: Ich kann dieses ewige Hühnergegacker nicht mehr hören! Ich bin müde, ich bin einfach müde. Von Pavia in einem Galopp hieher und dabei der enorme Blutverlust.

TULLIUS ROTUNDUS: Gehen Sie hinter die Villa. Da ist das Gegacker weniger schlimm.

SPURIUS TITUS MAMMA: War ich schon. Dort nimmt die Prinzessin dramatischen Unterricht, und neben dem Teich übt der Kaiser von Ostrom –

MARES: Ruhe!

Er schläft wieder ein.

TULLIUS ROTUNDUS: Sie sollten nicht so laut sprechen, sonst erwacht der Reichsmarschall.

SPURIUS TITUS MAMMA: Ich bin unsäglich müde. Und dazu dieser Rauch, dieser stinkende, beizende Rauch!

TULLIUS ROTUNDUS: So setzen Sie sich wenigstens.

SPURIUS TITUS MAMMA: Wenn ich mich setze, schlafe ich ein.

TULLIUS ROTUNDUS: Das halt ich für das Natürlichste, was Sie bei Ihrer Müdigkeit tun können.

SPURIUS TITUS MAMMA: Ich will nicht schlafen, ich will mich rächen!

Der Reichsmarschall erhebt sich verzweifelt.

MARES: Kann man hier eigentlich nicht in Ruhe konzipieren? Strategie ist eine Angelegenheit der Intuition. Vor dem blutigen Schnitt ist, wie bei der Chirurgie, innere Sammlung nötig, nichts schadet einem Kriege mehr als leichtfertiger Lärm im Hauptquartier.

Er rollt verärgert die Landkarte zusammen, nimmt den Helm, geht gegen das Haus, nimmt den Schild, stutzt.

MARES: Jemand hat feindliche Parolen auf meinen Schild geschrieben. Auch die Hauswände sind verschmiert.

＊ TULLIUS ROTUNDUS: Das Dienstmädchen aus Helvetien.

MARES: Man rufe das Kriegsgericht zusammen.

TULLIUS ROTUNDUS: Dafür haben wir nun wirklich keine Zeit, Reichsmarschall.

MARES: Sabotage!

TULLIUS ROTUNDUS: Personalmangel. Jemand muß schließlich dem Oberhofmeister packen helfen.

MARES: Sie können doch helfen. Ich wüßte nicht, was Sie als Innenminister sonst noch zu tun hätten.

TULLIUS ROTUNDUS: Ich muß die gesetzlichen Grundlagen schaffen, die Residenz nach Sizilien zu verlegen.

MARES: Ich lasse mich durch euren Defaitismus nicht beirren. Die strategische Lage wird stündlich günstiger. Sie verbessert sich von Niederlage zu Niederlage. Je mehr sich die Germanen in die Halbinsel hinunterwagen, desto mehr geraten sie in eine Sackgasse, und wir können sie von Sizilien und Korsika her mit

＊ Leichtigkeit über den Haufen rennen.

SPURIUS TITUS MAMMA: Rennen Sie zuerst den Kaiser über den Haufen!

MARES: Wir *können* gar nicht verlieren. Die Germanen haben keine Flotte. So sind wir auf den Inseln unangreifbar.

SPURIUS TITUS MAMMA: Aber wir haben doch auch keine Flotte! Was nützen uns dann die Inseln? Die Germanen werden unangreifbar in Italien sitzen.

MARES: Dann bauen wir eben eine.

SPURIUS TITUS MAMMA: Bauen? Der Staat ist bankrott!

TULLIUS ROTUNDUS: Das laßt unsere spätere Sorge sein. Das

38

Hauptproblem ist gegenwärtig, wie wir nach Sizilien kommen.

MARES: Ich werde einen Dreimaster herbeordern.

TULLIUS ROTUNDUS: Einen Dreimaster? Den können wir uns unmöglich leisten, sie sind sündhaft teuer. Treiben Sie eine Galeere auf.

MARES: Jetzt hat man mich auch noch zum Schiffsmakler degradiert.

Er wankt in die Villa.

TULLIUS ROTUNDUS: Sehen Sie, nun haben Sie den Reichsmarschall geweckt.

SPURIUS TITUS MAMMA: Ich bin ja so müde.

TULLIUS ROTUNDUS: Ich hoffe nur, daß wir in Sizilien eine Villa finden, deren Miete nicht zu teuer ist.

Gewaltiges Gegacker. Von links kommt langsam die zerlumpte Gestalt Ämilians, hager und bleich, schaut sich um.

ÄMILIAN: Die Villa des Kaisers in Campanien?

Der Innenminister betrachtet verblüfft die unheimliche Gestalt.

TULLIUS ROTUNDUS: Wer sind Sie?

ÄMILIAN: Ein Gespenst.

TULLIUS ROTUNDUS: Was wünschen Sie?

ÄMILIAN: Der Kaiser ist unser aller Vater, nicht wahr?

TULLIUS ROTUNDUS: Für jeden Patrioten.

ÄMILIAN: Ich bin ein Patriot. Ich bin gekommen, mein Vaterhaus zu besuchen.

Er schaut sich aufs neue um.

ÄMILIAN: Ein schmutziger Hühnerhof. Ein verdrecktes Landhaus. Eine Kanzlei. Über dem Teich eine verwitterte Venus, Efeu, Moos, überall Eier versteckt im Unkraut – einige sind mir schon unter die Sohle geraten – und irgendwo sicher ein schnarchender Kaiser.

TULLIUS ROTUNDUS: Verschwinden Sie, sonst wird die Leibwache hergepfiffen. Sie exerziert hinter dem Park auf der Wiese.

ÄMILIAN: Sie döst hinter dem Park auf der Wiese, eingeschläfert vom Gegacker der Hühner. Wir brauchen diesen Gottesfrieden nicht zu stören.   ✳

In der Türe erscheint die Kaiserin.

JULIA: Äbius! Äbius! Hat jemand den Oberhofmeister Äbi gesehen?

ÄMILIAN: Die Landesmutter.

TULLIUS ROTUNDUS: Hilft er denn nicht packen, Majestät?

JULIA: Er ist seit heute morgen verschwunden.

TULLIUS ROTUNDUS: Dann ist er schon geflüchtet.

JULIA: Typisch germanisch.

Die Kaiserin verschwindet wieder.

SPURIUS TITUS MAMMA: Dabei sind es die Römer, die flüchten!

Er ist auf einen Moment hin zornig geworden, sinkt aber wieder in sich zusammen, läuft jedoch, um nicht einzuschlafen, verzweifelt hin und her.

Ämilian setzt sich in den Sessel des Reichsmarschalls.

ÄMILIAN: Sie sind der Innenminister Tullius Rotundus?

TULLIUS ROTUNDUS: Sie kennen mich?

ÄMILIAN: Wir haben oft zusammen gegessen, Tullius Rotundus, oft in den Nächten des Sommers.

TULLIUS ROTUNDUS: Ich erinnere mich nicht.

ÄMILIAN: Wie sollten Sie auch. Ein Weltreich ist inzwischen untergegangen.

TULLIUS ROTUNDUS: Sagen Sie mir wenigstens, woher Sie kommen.

ÄMILIAN: Ich bin aus der Wirklichkeit geradewegs in die lächerliche Scheinwelt dieser Residenz geraten.

SPURIUS TITUS MAMMA: Ich bin müde, ich bin einfach hundemüde.

Erneutes Gegacker.

Aus der Villa kommt Mares zurück.

MARES: Ich habe meinen Marschallstab vergessen.

ÄMILIAN: Bitte sehr.

Er gibt dem General den Marschallstab, der neben ihm auf dem Boden liegt.

Mares wankt in die Villa zurück.

TULLIUS ROTUNDUS: Ich verstehe. Sie kommen von der Front und sind ein braver Mann. Sie haben Ihr Herzblut für das Vaterland vergossen. Kann ich etwas für Sie tun?

ÄMILIAN: Können Sie etwas gegen die Germanen tun?

TULLIUS ROTUNDUS: Das kann direkt heute niemand. Unser Widerstand ist auf lange Sicht berechnet. Gottes Mühlen mahlen langsam.

ÄMILIAN: Dann können Sie für mich nichts tun.

Aus der Villa kommen die Dienstmänner mit Koffern.

EIN DIENSTMANN: Wo sollen wir mit den Koffern der Kaiserin denn hin?

TULLIUS ROTUNDUS: Nach Neapel hinunter.

Die Dienstmänner tragen die Koffer hinaus. Verzettelt. Noch während der folgenden Szenen ist hin und wieder einer zu sehen.

TULLIUS ROTUNDUS: Es ist eine bittere Zeit, eine tragische Epoche, aber trotzdem: Ein so vollkommen durchorganisiertes juristisches Gebilde wie das römische Imperium steht auf Grund seiner inneren Werte auch die schlimmsten Krisen durch. Unsere höhere Kultur wird die Germanen besiegen.

SPURIUS TITUS MAMMA: Ich bin unheimlich müde.

ÄMILIAN: Lieben Sie Horaz? Schreiben Sie den besten Stil Italiens?

TULLIUS ROTUNDUS: Ich bin Jurist.

ÄMILIAN: Ich liebte Horaz. Ich schrieb den besten Stil Italiens.

TULLIUS ROTUNDUS: Sie sind ein Dichter?

ÄMILIAN: Ich war ein Wesen höherer Kultur.

TULLIUS ROTUNDUS: So schreiben Sie wieder, so dichten Sie wieder. Der Geist besiegt das Fleisch.

ÄMILIAN: Wo ich herkomme, haben die Fleischer den Geist besiegt.

Erneutes Gegacker. Erneutes Herumflattern der Hühner. Von rechts kommt der Villa entlang Rea mit Phylax, einem Schauspieler.

REA: Seht, ihr, des Vaterlandes Bürger,
den letzten Weg gehen mich,
und das letzte Licht
anschaun der Sonne.
Und nie das wieder?

SPURIUS TITUS MAMMA: Ich kann jetzt keine Klassiker hören, sonst schlafe ich auf der Stelle ein!

Er wankt links hinaus.

41

PHYLAX: Fahren Sie fort, Prinzessin, wuchtiger, dramatischer!

REA: Der alles schweigende Todesgott,
lebendig führt er mich
* zu der Hölle Ufer, und nicht zu Hymenäen
berufen bin ich, noch ein bräutlicher singt
mich, irgendein Lobgesang, dagegen
* dem Acheron bin ich vermählt!

PHYLAX: Dagegen dem Acheron bin ich vermählt.

REA: Dagegen dem Acheron bin ich vermählt.

PHYLAX: Tragischer, Prinzessin, rhythmischer, mehr Schrei von
* innen heraus, mehr Seele, sonst kauft Ihnen diese unsterblichen
Verse niemand ab. Man spürt, daß Sie noch keine richtige Vorstellung vom Acheron, vom Todesgotte haben. Sie sprechen
von ihm wie von etwas Abstraktem. Sie haben ihn noch nicht
innerlich erlebt. Er ist für Sie Literatur geblieben, nicht Wirklichkeit geworden. Schade, jammerschade. Passen Sie mal auf: Dagegen dem Acheron bin ich vermählt.

REA: Dagegen dem Acheron bin ich vermählt.

PHYLAX: Weh, närrisch –

REA: Weh, närrisch machest du mich, o Vaterland!
Warum spottest du meiner,
die noch nicht untergegangen,
die noch am Tage ist und warum
zwingst du mich
mit schändlichem Gesetz,
unbeweinet von Lieben, ins unerhörte Grab!
Nicht unter Sterbliche, nicht unter Tote.

PHYLAX: Nicht unter Sterbliche, nicht unter Tote. Ran an die
* Tragik, Prinzessin! Ran an das Gefühl einer unermeßlichen
Trauer. Nicht unter Sterbliche: Noch einmal.

REA: Nicht unter Sterbliche, nicht unter Tote.

*Ämilian hat sich erhoben und steht nun vor der deklamierenden Prin-
zessin, die verwundert auf die Erscheinung starrt.*

REA: Was wollen Sie?

ÄMILIAN: Wer bist du?

REA: Ich habe wohl mehr das Recht zu fragen, wer du bist.

ÄMILIAN: Ich bin das, was zurückkommt, wenn man dorthin geht, wohin ich gegangen bin. Wer bist du?

REA: Ich bin Rea, die Tochter des Kaisers.

ÄMILIAN: Rea, die Tochter des Kaisers. Ich habe dich nicht mehr erkannt. Du bist schön, aber ich vergaß dein Gesicht.

REA: Wir kannten uns?

ÄMILIAN: Ich glaube mich zu erinnern.

REA: Kommst du aus Ravenna? Spielten wir miteinander, als wir Kinder waren?

ÄMILIAN: Wir spielten miteinander, als ich ein Mensch war.

REA: Willst du mir nicht deinen Namen sagen?

ÄMILIAN: Mein Name ist in meine linke Hand geschrieben.

REA: So zeige mir diese Hand.

Er streckt seine linke Hand aus.

REA: O, sie ist fürchterlich, deine Hand!

ÄMILIAN: Soll ich sie zurückziehen?

REA: Ich kann sie nicht mehr sehen.

Sie wendet sich ab.

ÄMILIAN: Dann wirst du auch nie wissen, wer ich bin.

Er verbirgt die Hand wieder.

REA: So gib mir deine Hand.

Sie streckt ihre rechte Hand aus. Ämilian legt seine Linke in die ihre.

REA: Der Ring! Der Ring Ämilians!

ÄMILIAN: Der Ring deines Bräutigams.

REA: Er ist tot.

ÄMILIAN: Krepiert.

REA: Fleisch ist stellenweise über den Ring gewachsen.

Sie starrt auf die Hand in der ihren.

ÄMILIAN: Er ist eins mit meinem geschändeten Fleisch.

REA: Ämilian! Du bist Ämilian!

ÄMILIAN: Ich war es.

REA: Ich erkenne dich nicht mehr, Ämilian.

Sie starrt ihn an.

ÄMILIAN: Du wirst mich niemals mehr erkennen. Ich komme aus germanischer Gefangenschaft zurück, Tochter des Kaisers.

Sie stehen da und sehen sich an.

REA: Drei Jahre habe ich auf dich gewartet.

ÄMILIAN: In germanischer Gefangenschaft sind drei Jahre eine Ewigkeit, Tochter des Kaisers. So lange soll man nicht auf einen Menschen warten.

REA: Nun bist du da. Komm jetzt zu mir in das Haus meines Vaters.

ÄMILIAN: Die Germanen kommen.

REA: Wir wissen es.

ÄMILIAN: Dann geh und nimm ein Messer.

Die Prinzessin starrt ihn erschrocken an.

REA: Wie meinst du das, Ämilian?

ÄMILIAN: Ich meine, ein Weib kann mit einem Messer kämpfen.

REA: Wir müssen nicht mehr kämpfen. Das römische Heer ist geschlagen. Wir besitzen keine Soldaten mehr.

ÄMILIAN: Soldaten sind Menschen und Menschen können kämpfen. Es sind noch viele Menschen hier. Weiber, Sklaven, Greise, Krüppel, Kinder, Minister. Geh, nimm ein Messer.

REA: Das ist doch sinnlos, Ämilian. Wir müssen uns den Germanen ergeben.

ÄMILIAN: Ich mußte mich vor drei Jahren den Germanen ergeben. Was haben sie aus mir gemacht, Tochter des Kaisers? Geh, nimm ein Messer.

REA: Drei Jahre wartete ich auf dich, Tag für Tag, Stunde um Stunde, und jetzt fürchte ich mich vor dir.

ÄMILIAN: Dagegen dem Acheron bin ich vermählt. Hast du nicht diese Verse zitiert? Sie sind wahr geworden, deine Verse. Geh, nimm ein Messer. Geh, geh!

Rea flüchtet ins Haus.

PHYLAX: Aber Prinzessin! Der Unterricht ist doch noch nicht zu Ende. Jetzt kommt erst der Höhepunkt, eine ganz erhabene Stelle über den Acheron, die schönste der klassischen Literatur.

REA: Ich brauche keine Literatur mehr. Ich weiß nun, wer der Todesgott ist.

Sie verschwindet in der Villa. Der Schauspieler stürzt ihr nach.

TULLIUS ROTUNDUS: Marcus Junius Ämilian, heimgekehrt aus germanischer Gefangenschaft. Ich bin erschüttert.

ÄMILIAN: Dann eilen Sie an die Front, sonst ist Ihre Erschütterung Luxus.

TULLIUS ROTUNDUS: Mein lieber Freund, Sie haben sicher Schweres erlebt und verdienen unseren Respekt, doch müssen Sie nun nicht gleich annehmen, daß *wir* in der Residenz nichts durchgemacht hätten. Da zu sitzen, eine Hiobsbotschaft um die ✳ andere entgegennehmen zu müssen und nicht helfen können, ist wohl das Schlimmste, was einem Politiker zustoßen kann.

Von links rennt ein Eilbote in den Palast.

DER EILBOTE: Die Germanen marschieren auf der Via Appia ✳ gegen Süden! Die Germanen marschieren auf der Via Appia gegen Süden!

TULLIUS ROTUNDUS: Sehn Sie. Gegen Süden. Sie marschieren direkt auf uns zu. Kaum sprechen wir von Hiobsbotschaften, trifft eine neue ein.

In der Türe der Villa erscheint Mares.

MARES: Weit und breit keine Galeere aufzutreiben.

TULLIUS ROTUNDUS: Aber im Hafen von Neapel ist doch eine.

MARES: Zu den Germanen übergerudert.

TULLIUS ROTUNDUS: Um Himmels willen, Reichsmarschall, wir *müssen* ein Schiff haben!

MARES: Ich will es mit einem Fischerboot versuchen.

Er verschwindet wieder. Der Innenminister ist verärgert.

TULLIUS ROTUNDUS: Da hat man alles vorbereitet, das Reich von Sizilien aus neu zu organisieren. Ich habe soziale Reformen, eine Invalidenversicherung für Hafenarbeiter im Sinn. Doch diese Pläne kann ich natürlich nur dann verwirklichen, wenn sich ein Fahrzeug finden läßt!

SPURIUS TITUS MAMMA: Dieser Brandgeruch. Dieser ewige beizende Brandgeruch.

Hühnergegacker. Von links tritt Cäsar Rupf auf.

CÄSAR RUPF: Meine Herren. Ich hoffe, es ist Ihnen eiskalt bewußt, daß nach dem Fall von Rom das Imperium keinen Pappenstiel mehr wert ist. Zur wirtschaftlichen Pleite ist die militärische ✳ Patsche gekommen, aus der sich das römische Reich nicht mehr am eigenen Schopf herausziehen kann. ✳

ÄMILIAN: Wer sind Sie?

CÄSAR RUPF: Cäsar Rupf, Inhaber der Weltfirma Rupf für Hosen und Westen.

ÄMILIAN: Was wollen Sie?

CÄSAR RUPF: Es ist jedem auch nur halbwegs informierten Politiker sonnenklar, daß Rom nur gerettet werden kann, wenn * ich einige Millionen springen lasse. Ich verlange auf die grund-ehrliche Offerte, die ich gemacht habe, eine anständige Antwort. Ja oder Nein. Jubelfeier oder Weltuntergang. Entweder ziehe * ich mit einer Braut nach Hause, oder das Reich geht flöten.

ÄMILIAN: Was wird hier gespielt, Innenminister?

TULLIUS ROTUNDUS: Odoaker willigte ein, für eine Summe von zehn Millionen Italien zu räumen. Dieser – Hosenfabrikant – ist bereit, die Summe zu bezahlen.

ÄMILIAN: Die Bedingung?

TULLIUS ROTUNDUS: Er möchte die Prinzessin Rea heiraten.

ÄMILIAN: Holen Sie die Prinzessin.

TULLIUS ROTUNDUS: Sie meinen –

ÄMILIAN: Und versammeln Sie den Hofstaat.

Der Innenminister geht in die Villa.

ÄMILIAN: Sie sollen die Antwort auf Ihre Offerte erhalten, Hosenfabrikant.

Von rechts taumelt der Präfekt der Reiterei nach links.

SPURIUS TITUS MAMMA: Hundert Stunden habe ich nicht ge-schlafen. Hundert Stunden. Ich bin müde, ich bin einfach zum Umfallen müde.

In der Türe der Villa erscheinen Rea und Tullius Rotundus, Zeno, Mares, Phosphoridos, Sulphurides, der Koch, Wachen.

REA: Du ließest mich rufen, Ämilian?

ÄMILIAN: Ich ließ dich rufen. Komm zu mir.

Rea kommt langsam zu Ämilian.

ÄMILIAN: Du hast drei Jahre auf mich gewartet, Tochter des Kaisers.

REA: Drei Jahre, Tag für Tag, Nacht um Nacht, Stunde für Stunde.

ÄMILIAN: Du liebst mich.

REA: Ich liebe dich.

ÄMILIAN: Mit deiner ganzen Seele?

46

REA: Mit meiner ganzen Seele.

ÄMILIAN: Du tätest alles, was ich von dir verlange?

REA: Ich werde alles tun.

ÄMILIAN: Du nähmest auch ein Messer?

REA: Ich werde ein Messer nehmen, wenn du es willst.

ÄMILIAN: So unerhört ist deine Liebe, Tochter des Kaisers?

REA: Meine Liebe zu dir ist unermeßlich. Ich erkenne dich nicht mehr, aber ich liebe dich. Ich fürchte mich vor dir, aber ich liebe dich.

ÄMILIAN: Dann heirate diesen prächtigen kugelrunden Bauch und gebär ihm Kinder.

Er zeigt auf Cäsar Rupf.

ZENO: Endlich ein vernünftiger Weströmer!

DER HOF: Heiraten, Prinzessin, heiraten!

TULLIUS ROTUNDUS: Bring dem teuren Vaterland dies Opfer dar, mein Mädchen!

Alle starren hoffnungsvoll auf Rea.

REA: Ich soll dich verlassen?

ÄMILIAN: Du sollst mich verlassen.

REA: Ich soll einen anderen lieben?

ÄMILIAN: Du sollst den lieben, der dein Vaterland retten kann.

REA: Ich liebe dich doch!

ÄMILIAN: Darum werfe ich dich fort, damit Rom lebe.

REA: Du willst mich so schänden, wie du geschändet bist, Ämilian?

ÄMILIAN: Wir müssen das Nötige tun. Unsere Schande wird Italien füttern, durch unsere Schmach wird es wieder zu Kräften kommen.

REA: Das kannst du doch nicht von mir verlangen, wenn du mich liebst.

ÄMILIAN: Das kann ich nur von dir verlangen, weil du mich liebst.

Sie starrt ihn entsetzt an.

ÄMILIAN: Du wirst gehorchen, Tochter des Kaisers. Deine Liebe ist unermeßlich.

REA: Ich werde gehorchen.

ÄMILIAN: Du wirst sein Weib sein.

REA: Ich werde sein Weib sein.

ÄMILIAN: So gib diesem eiskalt bewußten Hosenfabrikanten deine Hand.

Rea gehorcht.

ÄMILIAN: Nun hast du die Hand der einzigen Tochter des Kaisers erhalten, Cäsar Rupf, und einem goldenen Kalb ist ein kaiserlicher Jungfernkranz aufgesetzt worden, denn heute ist eine Zeit, da die Kupplerei eine Tugend vor dem unerhörten Frevel geworden ist, der an der Menschheit begangen wird.

Cäsar Rupf ist gerührt.

CÄSAR RUPF: Prinzessin. Sie müssen mir schon glauben: Die Tränen in meinen Augen sind goldecht. Die Weltfirma Rupf hat durch diesen Lebensbund einen Gipfel erreicht, wie er in meiner Branche überhaupt noch nie erzielt worden ist.

Riesige Rauchschwaden.

MARES: Das Imperium ist gerettet!

DER KOCH: Das Abendland erhalten! Zur Feier dieses Tages schlachte ich die Flavier!

SULPHURIDES UND PHOSPHORIDOS: Die Jubelverse, Majestät.

DIE BEIDEN MIT ZENO:
Jubel, Freude, o Byzanz!
Es steigt dein Ruhm, es dringt dein Glanz
Zum Sternenzelt hinan.
Was wir glauben, was wir hoffen,
Ist als Wunder eingetroffen,
Und die Rettung ist getan.

TULLIUS ROTUNDUS: Hört auf der Stelle mit dem Verbrennen der Archive auf!

DIE STIMME ACHILLES: Der Kaiser!

Der Rauch verzieht sich, in der Türe ist inmitten seines Hofstaats Romulus sichtbar, hinter ihm Achilles und Pyramus, der einen flachen Korb trägt. Stille.

ROMULUS: Es geht übermütig in meinem Parke zu. Darf ich den Grund des Durcheinanders wissen?

Stille.

ÄMILIAN: Willkommen Imperator des guten Essens. Sei gegrüßt, du Cäsar der Hühner! Heil dir, den die Soldaten Romulus den Kleinen nennen.

Der Kaiser betrachtet Ämilian aufmerksam.

ROMULUS: Du bist Ämilian, der Bräutigam meines Kindes.

ÄMILIAN: Du bist der Erste, der mich erkennt, Kaiser Romulus. Nicht einmal deine Tochter hat mich erkannt.

ROMULUS: Zweifle nicht an ihrer Liebe. Allein das Alter besitzt scharfe Augen. Sei mir willkommen, Ämilian.

ÄMILIAN: Verzeih, Vater der Welt, daß ich deinen Gruß vielleicht nicht so erwidere, wie es üblich ist. Allzulange war ich in germanischer Gefangenschaft. Ich kenne mich in den Bräuchen deines Hofs nicht mehr aus. Doch wird mir die Geschichte Roms weiterhelfen. Es gab Kaiser, denen rief man zu: Gut gesiegt, Erhabener? Anderen: Gut gemordet, Majestät? Und so wird man dir zurufen: Gut geschlafen, Kaiser Romulus?

Der Kaiser setzt sich unter der Türe in einen Sessel und betrachtet Ämilian lange.

ROMULUS: Dein Leib zeugt von Entbehrungen und Not. Du littest Hunger und Durst.

ÄMILIAN: Ich hungerte und du hieltest deine Mahlzeiten.

ROMULUS: Ich sehe deine Hände. Du wurdest gefoltert.

ÄMILIAN: Ich wurde gefoltert und deine Hühnerzucht florierte.

ROMULUS: Du bist verzweifelt.

ÄMILIAN: Ich verließ mein Gefängnis in Germanien, Kaiser von Rom. Ich kam zu Fuß zu dir, Erhabener. Ich durchmaß die endlose Weite deines Reichs, Meile um Meile, Schritt um Schritt. Ich sah dein Imperium, Vater der Welt –

ROMULUS: Seit ich Kaiser bin, habe ich mein Landhaus nicht mehr verlassen. Erzähle mir von meinem Reich, Ämilian.

ÄMILIAN: Ich sah nichts als eine ungeheure Stätte des Verfalls.

ROMULUS: Erzähle mir von meinen Untertanen.

ÄMILIAN: Dein Volk ist ausgeplündert von Schiebern und Kriegsgewinnlern, vergewaltigt von Söldnern und verhöhnt von germanischen Landsknechten.

ROMULUS: Es ist mir nicht unbekannt, was du sagst.

ÄMILIAN: Wie kannst du wissen, was du nie gesehen hast, Kaiser von Rom?

ROMULUS: Ich kann es mir denken, Ämilian. Komm nun in mein Haus. Meine Tochter wartete auf dich, all die Jahre lang.

ÄMILIAN: Ich bin nicht mehr würdig, deine Tochter zu empfangen, Kaiser von Rom.

ROMULUS: Du bist nicht unwürdig, sondern unglücklich.

ÄMILIAN: Geschändet. Die Germanen zwangen mich, unter einem rohen blutverschmierten Joch durchzukriechen. Nackt. Wie ein Tier.

MARES: Rache!

REA: Ämilian!

Sie umklammert ihren Verlobten.

ÄMILIAN: Ich bin ein römischer Offizier. Ich habe meine Ehre verloren. Geh zu dem, Tochter des Kaisers, dem du gehörst.

Rea geht langsam zu Cäsar Rupf zurück.

ÄMILIAN: Deine Tochter ist das Weib dieses Hosenfabrikanten geworden, Kaiser von Rom, und dein Reich durch meine Schande gerettet.

Der Kaiser erhebt sich.

ROMULUS: Der Kaiser erteilt die Bewilligung zu dieser Ehe nicht.

Alle stehen starr.

CÄSAR RUPF: Papa!

REA: Ich werde ihn heiraten, Vater. Du kannst mich nicht hindern, zu tun, was allein mein Vaterland retten kann.

ROMULUS: Meine Tochter wird sich in den Willen des Kaisers fügen. Der Kaiser weiß, was er tut, wenn er sein Reich ins Feuer wirft, wenn er fallen läßt, was zerbrechen muß, und zertritt, was dem Tode gehört.

Rea geht gesenkten Hauptes ins Haus.

ROMULUS: Zu unserer Pflicht, Pyramus. Das Hühnerfutter her. Augustus! Tiberius! Trajan, Hadrian, Marc Aurel! Odoaker!

Er geht Hühnerfutter streuend rechts ab, gefolgt von seinen Kammerdienern. Alle stehen unbeweglich.

TULLIUS ROTUNDUS: Setzt schleunigst das Verbrennen der Archive wieder fort!

Alles hüllt sich wieder in einen schwarzen Rauch.

ÄMILIAN: Dieser Kaiser muß weg!

DIE NACHT DER IDEN DES MÄRZ VIERHUNDERTSECHS-
undsiebzig ... Das Schlafzimmer des Kaisers. Links eine Fensterreihe.
Im Hintergrund die Türe. Rechts das Bett, eine weitere Türe. In der
Mitte des Raumes zwei Diwane, die zusammen einen geschlossenen
und gegen das Publikum weit offenen Winkel bilden. In der Mitte
zwischen ihnen ein kleinerer niederer Tisch von zierlicher Form. Links
und rechts im Vordergrund zwei Wandschränke. Nacht. Vollmond.
Das Zimmer liegt im Dunkel. Nur die Fenster zeichnen helle Flächen
auf Boden und Wände. Die Türe im Hintergrund öffnet sich.
Pyramus erscheint mit einem dreiarmigen Leuchter, mit dem er einen
zweiten neben dem Bett anzündet. Dann kommt er in den Vorder-
grund und stellt den Leuchter auf den Tisch. Der Kaiser erscheint in
der Türe rechts, mit einem eher etwas schäbigen Nachthemd bekleidet.
Hinter ihm Achilles.

ROMULUS: Das Bad hat mir doppelt wohl getan nach dem guten
Abendessen. Es war heute ein pathetischer Tag und ich mag
solche Tage nicht. Da hilft nichts als baden. Ich bin ein untragi-
scher Mensch, Achilles.

ACHILLES: Wünschen Majestät die Kaisertoga oder den Schlafrock?

ROMULUS: Den Schlafrock. Ich regiere heute nicht mehr.

ACHILLES: Majestät sollten noch die Proklamation an das römische Volk unterschreiben.

ROMULUS: Mache ich morgen.

Achilles will ihm in den Schlafrock helfen. Der Kaiser stutzt.

ROMULUS: Bring den Reichsschlafrock, Achill. Dieser da ist
mir zu schäbig.

ACHILLES: Den Reichsschlafrock hat die Kaiserin schon eingepackt, Majestät. Er gehörte ihrem Vater.

ROMULUS: Ach so. Dann hilf mir eben in diesen Fetzen.

Er schlüpft in den Schlafrock und nimmt den Lorbeerkranz ab.

ROMULUS: Da sitzt ja noch der Lorbeerkranz auf meinem Kopf. Ich vergaß, ihn beim Baden abzulegen. Häng ihn über das Bett, Pyramus.

Er gibt ihm den Lorbeerkranz. Pyramus hängt ihn über das Bett.

ROMULUS: Wie viele Blätter sind noch daran?

PYRAMUS: Zwei.

Der Kaiser seufzt und geht ans Fenster.

ROMULUS: Da hatte ich heute gewaltige Ausgaben. Endlich frische Luft. Der Wind drehte sich, und der Rauch ist abgezogen. Es war eine Pein, dieser Nachmittag. Doch dafür sind nun auch die Archive verbrannt. Die einzige vernünftige Anordnung, die mein Innenminister je erließ.

PYRAMUS: Die Geschichtsschreiber werden jammern, mein Kaiser.

ROMULUS: Unsinn. Sie werden bessere Quellen als unsere Staatsarchive erfinden.

Er setzt sich auf den Diwan rechts.

* ROMULUS: Den Catull, Pyramus. Oder hat den meine Frau auch schon eingepackt, weil er zur Bibliothek ihres Vaters gehörte?

PYRAMUS: Auch schon, mein Kaiser.

ROMULUS: Macht nichts. Dann werde ich eben versuchen, den Catull in meiner Erinnerung wieder herzustellen. Gute Verse gehen nie ganz verloren. Einen Becher Wein, Achilles.

ACHILLES: Wünschen Majestät Falerner oder Syrakuser?

ROMULUS: Falerner. Man muß in der heutigen Zeit das Beste trinken.

Achilles stellt einen Pokal vor den Kaiser auf den Tisch. Pyramus schenkt ein.

PYRAMUS: Wir haben nur noch diese Flasche Falerner Jahrgang Siebzig, mein Kaiser.

ROMULUS: Dann laß sie hier.

ACHILLES: Die Landesmutter wünschen Majestät zu sprechen.

ROMULUS: Die Kaiserin soll hereinkommen. Den zweiten Leuchter brauche ich nicht mehr.

Die Kammerdiener verbeugen sich und gehen hinaus. Pyramus nimmt den Leuchter neben dem Bett mit sich. Nur der Vordergrund ist nun erhellt. Der Hintergrund liegt im zunehmenden Mondlicht. Aus dem Hintergrund kommt Julia.

JULIA: Der Oberhofmeister ist zu den Germanen übergelaufen. Ich habe dich vor diesem Äbi immer gewarnt.

ROMULUS: Nun? Soll er als Germane etwa für uns Römer sterben?

Schweigen.

JULIA: Ich komme, mit dir zum letzten Mal zu reden.

ROMULUS: Du bist im Reisekostüm, liebe Frau.

JULIA: Ich gehe diese Nacht nach Sizilien.

ROMULUS: Steht das Fischerboot bereit?

JULIA: Ein Floß.

ROMULUS: Ist dies nicht etwas gefährlich?

JULIA: Bleiben ist gefährlicher.

Schweigen.

ROMULUS: Ich wünsche dir eine gute Reise.

JULIA: Wir sehen uns vielleicht lange nicht mehr.

ROMULUS: Wir sehen uns nie mehr.

JULIA: Ich bin entschlossen, in Sizilien den Widerstand gegen den Feind fortzusetzen. Um jeden Preis.

ROMULUS: Ein Widerstand um jeden Preis ist das Sinnloseste, was es geben kann.

JULIA: Du bist Defaitist.

ROMULUS: Ich wäge nur ab. Wenn wir uns wehren, wird unser Untergang nur blutiger. Das mag grandios sein, doch wozu? Man steckt eine Welt nicht in Brand, die schon verloren ist.

Schweigen.

JULIA: Du willst also nicht, daß Rea diesen Cäsar Rupf heiratet?

ROMULUS: Nein.

JULIA: Und nach Sizilien willst du auch nicht gehen?

ROMULUS: Der Kaiser flüchtet nicht.

JULIA: Das wird dich den Kopf kosten.

ROMULUS: Und? Soll ich deshalb schon jetzt kopflos handeln?

Schweigen.

JULIA: Wir sind jetzt zwanzig Jahre verheiratet, Romulus.

ROMULUS: Was willst du mit dieser unheimlichen Tatsache sagen?

JULIA: Wir haben uns einmal geliebt.

ROMULUS: Du weißt genau, daß du lügst.

Schweigen.

JULIA: Dann hast du mich nur geheiratet, um Kaiser zu werden?

ROMULUS: Gewiß.

JULIA: Das wagst du mir ruhig ins Gesicht zu sagen?

ROMULUS: Natürlich. Unsere Ehe war fürchterlich, aber ich habe nie das Verbrechen begangen, dich einen Tag darüber in Zweifel zu lassen, weshalb ich dich zur Frau nahm. Ich habe dich geheiratet, um Kaiser zu werden, und du hast mich geheiratet, um Kaiserin zu werden. Du bist meine Frau geworden, weil ich vom höchsten römischen Adel abstamme und du die Tochter des Kaisers Valentinianus und einer Sklavin bist. Ich habe dich legitimiert und du mich gekrönt.

Schweigen.

JULIA: Wir haben eben einander gebraucht.

ROMULUS: Natürlich.

JULIA: So ist es auch deine Pflicht, mit mir nach Sizilien zu gehen. Wir gehören zusammen.

ROMULUS: Ich habe dir gegenüber keine Pflicht mehr. Ich habe dir gegeben, was du von mir gewollt hast. Du bist Kaiserin geworden.

JULIA: Du kannst mir nichts vorwerfen. Wir haben das gleiche getan.

ROMULUS: Nein, wir haben nicht das gleiche getan. Zwischen deiner und meiner Handlung ist ein unendlicher Unterschied.

JULIA: Das sehe ich nicht ein.

ROMULUS: Du hast mich aus Ehrgeiz geheiratet. Alles, was du tust, geschieht aus Ehrgeiz. Auch jetzt willst du nur aus Ehrgeiz den verlorenen Krieg nicht aufgeben.

JULIA: Ich gehe nach Sizilien, weil ich mein Vaterland liebe.

ROMULUS: Du kennst kein Vaterland. Was du liebst, ist eine abstrakte Staatsidee, die dir die Möglichkeit gab, durch Heirat Kaiserin zu werden.

Die beiden schweigen wieder einmal.

JULIA: Nun gut. Warum soll ich nicht die Wahrheit sagen. Warum sollen wir nicht aufrichtig zueinander sein. Ich bin ehrgeizig. Für mich gibt es nichts anderes als das Kaisertum. Ich bin die Urenkelin Julians, des letzten großen Kaisers. Ich bin stolz *
darauf. Und was bist du? Der Sohn eines bankrotten Patriziers. *
Aber auch du bist ehrgeizig, sonst hättest du es nicht bis zum Kaiser über ein Weltreich gebracht und wärest der Niemand geblieben, der du gewesen bist.

ROMULUS: Das habe ich nicht aus Ehrgeiz getan, sondern aus Notwendigkeit. Was bei dir das Ziel war, das war bei mir das Mittel. Ich bin allein aus politischer Einsicht Kaiser geworden.

JULIA: Wann hättest du je eine politische Einsicht gehabt? Du hast in den zwanzig Jahren deiner Regierung nichts anderes ge- *
tan als gegessen, getrunken, geschlafen, gelesen und Hühner gezüchtet. Dein Landhaus hast du nie verlassen, deine Hauptstadt nie betreten und die Reichsfinanzen wurden so radikal aufgebraucht, daß wir jetzt wie die Tagelöhner leben müssen. Deine einzige Geschicklichkeit besteht darin, mit deinem Witz jeden Gedanken niederzuschlagen, der darauf zielt, dich abzuschaffen. Daß aber deinem Verhalten noch eine politische Einsicht zu Grunde liegen soll, ist eine ungeheuerliche Lüge. Der Größenwahn Neros und das Rasen Caracallas zeugen von einer größeren politischen Reife als deine Hühnerleidenschaft. Hinter dir steht nichts als deine Faulheit!

ROMULUS: Eben. Es ist meine politische Einsicht, nichts zu tun.

JULIA: Dazu hättest du nicht Kaiser zu werden brauchen.

ROMULUS: Nur so konnte natürlich mein Nichtstun einen Sinn haben. Als Privatmann zu faulenzen, ist völlig wirkungslos.

JULIA: Und als Kaiser zu faulenzen, gefährdet den Staat.

ROMULUS: Siehst du.

JULIA: Was willst du damit sagen?

ROMULUS: Du bist hinter den Sinn meiner Faulenzerei gekommen.

JULIA: Es ist doch unmöglich, die Notwendigkeit des Staats zu bezweifeln.

ROMULUS: Ich bezweifle nicht die Notwendigkeit des Staates, ich bezweifle nur die Notwendigkeit unseres Staates. Er ist ein

Weltreich geworden und damit eine Einrichtung, die öffentlich Mord, Plünderung, Unterdrückung und Brandschatzung auf Kosten der andern Völker betrieb, bis ich gekommen bin.

JULIA: Ich begreife nicht, warum du dann ausgerechnet Kaiser geworden bist, wenn du so über das römische Weltreich denkst.

ROMULUS: Das römische Weltreich besteht seit Jahrhunderten nur noch, weil es einen Kaiser gibt. Es blieb mir deshalb keine andere Möglichkeit, als selbst Kaiser zu werden, um das Imperium liquidieren zu können.

JULIA: Entweder bist du wahnsinnig oder die Welt.

ROMULUS: Ich habe mich für das letztere entschieden.

JULIA: Du hast mich also nur geheiratet, um das römische Imperium zu zerstören.

ROMULUS: Aus keinem anderen Grunde.

JULIA: Von allem Anfang an hast du an nichts als an Roms Untergang gedacht.

ROMULUS: An nichts anderes.

JULIA: Du hast die Rettung des Imperiums bewußt sabotiert.

ROMULUS: Bewußt.

JULIA: Du hast den Zyniker gespielt und den ewig verfressenen Hanswurst, nur um uns in den Rücken zu fallen.

ROMULUS: Du kannst es auch so formulieren.

JULIA: Du hast mich getäuscht.

ROMULUS: Du hast dich in mir getäuscht. Du hast angenommen, daß ich ebenso machtbesessen sei wie du. Du hast gerechnet, aber deine Rechnung war falsch.

JULIA: Deine Rechnung stimmt.

ROMULUS: Rom geht unter.

JULIA: Du bist Roms Verräter!

ROMULUS: Nein, ich bin Roms Richter.

Sie schweigen. Dann schreit die Kaiserin verzweifelt auf.

JULIA: Romulus!

ROMULUS: Geh jetzt nach Sizilien. Ich habe dir nichts mehr zu sagen.

Die Kaiserin geht langsam hinaus. Aus dem Hintergrund kommt Achilles.

ACHILLES: Mein Kaiser.

ROMULUS: Der Becher ist leer. Schenk mir einen neuen ein.

Achilles schenkt ihm ein.

ROMULUS: Du zitterst.

ACHILLES: Sehr wohl, Majestät.

ROMULUS: Was hast du denn?

ACHILLES: Majestät lieben es nicht, wenn ich von der militärischen Lage spreche.

ROMULUS: Du weißt, daß ich dir das ausdrücklich verboten habe. Ich rede nur mit meinem Friseur über die militärische Lage. Er ist der einzige, der etwas davon versteht.

ACHILLES: Aber Capua ist gefallen.

ROMULUS: Das ist jedenfalls kein Grund, Falerner zu verschütten.

ACHILLES: Ich bitte um Verzeihung.

Er verbeugt sich.

ROMULUS: Geh jetzt schlafen.

ACHILLES: Prinzessin Rea wünschen Majestät noch zu sprechen

ROMULUS: Meine Tochter soll kommen.

Achilles geht hinaus. Aus dem Hintergrund kommt Rea.

REA: Mein Vater.

ROMULUS: Komm, mein Kind. Setz dich zu mir.

Rea setzt sich neben ihn.

ROMULUS: Was hast du mir zu sagen?

REA: Rom ist in Gefahr, mein Vater.

ROMULUS: Es ist merkwürdig, daß alle ausgerechnet in dieser Nacht politische Gespräche mit mir führen wollen. Dazu ist doch der Mittagstisch da.

REA: Wovon soll ich denn reden?

ROMULUS: Von dem, was man zu seinem Vater in nächtlicher Stunde redet. Von dem, was dir am nächsten liegt, mein Kind.

REA: Rom liegt mir am nächsten.

ROMULUS: So liebst du Ämilian nicht mehr, auf den du gewartet hast?

REA: Doch, mein Vater.

ROMULUS: Aber nicht mehr so heiß wie früher, nicht mehr so, wie du ihn einst geliebt hast.

REA: Ich liebe ihn mehr als mein Leben.

ROMULUS: So erzähle mir von Ämilian. Wenn du ihn liebst, ist er wichtiger, als so ein verlottertes Imperium.

Schweigen.

REA: Mein Vater, laß mich den Cäsar Rupf heiraten.

ROMULUS: Der Rupf, meine Tochter, ist mir zwar sympathisch, weil er Geld hat, aber er stellt unannehmbare Bedingungen.

REA: Er wird Rom retten.

ROMULUS: Das ist es eben, was mir diesen Mann unheimlich macht. Ein Hosenfabrikant, der den römischen Staat retten will, muß wahnsinnig sein.

REA: Es gibt keinen anderen Weg, das Vaterland zu retten.

ROMULUS: Das gebe ich zu, es gibt keinen anderen Weg. Das Vaterland kann nur noch mit Geld gerettet werden, oder es ist verloren. Wir müssen zwischen einem katastrophalen Kapitalismus und einer kapitalen Katastrophe wählen. Aber du kannst diesen Cäsar Rupf nicht heiraten, mein Kind, du liebst Ämilian.

Schweigen.

REA: Ich muß ihn verlassen, um meinem Vaterland zu dienen.

ROMULUS: Das ist leicht gesagt.

REA: Das Vaterland geht über alles.

ROMULUS: Siehst du, du hast doch zu viel in den Tragödien studiert.

REA: Soll man denn nicht das Vaterland mehr lieben als alles in der Welt?

ROMULUS: Nein, man soll es weniger lieben als einen Menschen. Man soll vor allem gegen sein Vaterland mißtrauisch sein. Es wird niemand leichter ein Mörder als ein Vaterland.

REA: Vater!

ROMULUS: Meine Tochter?

REA: Ich kann doch das Vaterland unmöglich im Stich lassen.

ROMULUS: Du mußt es im Stich lassen.

REA: Ich kann nicht ohne Vaterland leben!

ROMULUS: Kannst du ohne den Geliebten leben? Es ist viel größer und viel schwerer, einem Menschen die Treue zu halten als einem Staat.

REA: Es geht um das Vaterland, nicht um einen Staat.

ROMULUS: Vaterland nennt sich der Staat immer dann, wenn er sich anschickt, auf Menschenmord auszugehen.

REA: Unsere unbedingte Liebe zum Vaterland hat Rom groß gemacht.

ROMULUS: Aber unsere Liebe hat Rom nicht gut gemacht. Wir haben mit unseren Tugenden eine Bestie gemästet. Wir haben uns an der Größe unseres Vaterlandes wie mit Wein berauscht, aber nun ist Wermut geworden, was wir liebten.   *

REA: Du bist undankbar gegen das Vaterland.

ROMULUS: Nein, ich bin nur nicht wie einer jener Heldenväter in den Trauerspielen, die dem Staat noch einen guten Appetit wünschen, wenn er ihre Kinder fressen will. Geh, heirate Ämilian!

Schweigen.

REA: Ämilian hat mich verstoßen, Vater.

ROMULUS: Wenn du nur einen Funken echten Liebesfeuers in deinem Leibe hast, kann dich das nicht von deinem Geliebten trennen. Du bleibst bei ihm, auch wenn er dich verstößt, du harrst bei ihm aus, auch wenn er ein Verbrecher ist. Aber von deinem Vaterland kannst du getrennt werden. Schüttle den Staub von deinen Füßen, wenn es eine Mördergrube und eine Henkerstätte geworden ist, denn deine Liebe zu ihm ist machtlos.

Schweigen. Durch das Fenster links steigt eine menschliche Gestalt ins Zimmer, die sich irgendwo im Dunkel des Hintergrundes verbirgt.

REA: Wenn ich zu ihm zurückkehre, wird er mich wieder verstoßen. Er wird mich immer wieder verstoßen.

ROMULUS: So kehre eben ganz einfach immer wieder zu ihm zurück.

REA: Er liebt mich nicht mehr. Er liebt nur noch Rom.

ROMULUS: Rom wird zu Grunde gehen, und er wird nichts mehr besitzen als deine Liebe.

REA: Ich fürchte mich.

ROMULUS: Dann lerne die Furcht zu besiegen. Das ist die einzige Kunst, die wir in der heutigen Zeit beherrschen müssen. Furchtlos die Dinge betrachten, furchtlos das Richtige tun. Ich habe mich ein Leben lang darin geübt. Übe dich nun auch darin. Geh zu ihm.

REA: Ja, Vater, ich will es tun.

ROMULUS: So ist es recht, mein Kind. So liebe ich dich. Geh zu Ämilian. Nimm Abschied von mir. Du wirst mich nie mehr sehen, denn ich werde sterben.

REA: Vater!

ROMULUS: Die Germanen werden mich töten. Ich habe immer mit diesem Tode gerechnet. Das ist mein Geheimnis. Ich opfere Rom, indem ich mich selber opfere.

Stille.

REA: Mein Vater!

ROMULUS: Doch du wirst leben. Geh nun, mein Kind, geh zu Ämilian.

Rea geht langsam hinaus. Aus dem Hintergrund kommt Pyramus.

PYRAMUS: Majestät.

ROMULUS: Was willst du?

PYRAMUS: Die Kaiserin ist abgereist.

ROMULUS: Es ist gut.

PYRAMUS: Wollen Majestät sich nicht ins Bett begeben?

ROMULUS: Nein. Ich habe noch mit jemandem zu reden. Bring mir einen zweiten Pokal.

PYRAMUS: Gewiß, Majestät.

Er bringt den zweiten Pokal.

ROMULUS: Rechts neben den meinen. Füll ihn.

Pyramus füllt ihn.

ROMULUS: Und nun auch den meinen.

Pyramus tut das.

PYRAMUS: Jetzt ist aber die Flasche Siebziger leer, Majestät.

ROMULUS: Dann geh schlafen.

Pyramus verbeugt sich und geht hinaus. Romulus sitzt unbeweglich, bis die Schritte verhallt sind.

ROMULUS: Komm jetzt zu mir, Ämilian. Wir sind allein.

Ämilian kommt langsam aus dem Hintergrund hervor, in einen schwarzen Mantel gehüllt.

ÄMILIAN: Du weißt, daß ich hier bin?

ROMULUS: Du bist vor wenigen Augenblicken durch das Fenster in mein Zimmer gestiegen. Der Pokal, aus dem ich trinke, spiegelte dein Bild wider. Willst du dich nicht setzen?

ÄMILIAN: Ich stehe.

ROMULUS: Du bist spät zu mir gekommen. Es ist Mitternacht.

ÄMILIAN: Es gibt Besuche, die man nur um Mitternacht macht.

ROMULUS: Du siehst, ich habe dich empfangen. Ein Pokal ist zu deiner Begrüßung mit einem ausgezeichneten Falerner gefüllt. Wir wollen miteinander anstoßen.

ÄMILIAN: Es sei.

ROMULUS: Laß uns auf deine Heimkehr trinken.

ÄMILIAN: Auf das, was sich in dieser Mitternacht erfüllt.

ROMULUS: Nun?

ÄMILIAN: Wir wollen auf die Gerechtigkeit anstoßen, Kaiser Romulus.

ROMULUS: Die Gerechtigkeit ist etwas Fürchterliches, Ämilian.

ÄMILIAN: Fürchterlich wie meine Wunden.

ROMULUS: Nun denn: Auf die Gerechtigkeit.

ÄMILIAN: Wir sind allein. Niemand ist unser Zeuge als diese Mitternacht, daß nun der Kaiser von Rom und der Mann, der aus germanischer Gefangenschaft heimgekehrt ist, mit zwei Schalen blutigen Falerners auf die Gerechtigkeit anstoßen.

Romulus steht auf und sie stoßen an. Im selben Augenblick schreit jemand auf, und unter dem Diwan des Kaisers kommt der Kopf des Innenministers Tullius Rotundus hervor.

ROMULUS: Um Gottes willen, Innenminister, ist dir etwas passiert?

TULLIUS ROTUNDUS: Majestät sind mir auf die Finger getreten.

Er stöhnt.

ROMULUS: Das tut mir leid. Aber ich konnte wirklich unmöglich wissen, daß du dich unter mir befindest. Es schreit jeder Innenminister auf, wenn man auf die Gerechtigkeit anstößt.

TULLIUS ROTUNDUS: Ich wollte Majestät nur eine umfassende Altersversicherung für das römische Imperium vorschlagen.

Er kriecht hervor, nicht unverlegen, mit einem ähnlichen schwarzen Mantel wie Ämilian gekleidet.

ROMULUS: Du blutest an der Hand, Tullius Rotundus.

TULLIUS ROTUNDUS: Ich habe mich mit meinem Dolche vor Schreck geritzt.

ROMULUS: Mit Dolchen, mein lieber Tullius, muß man guaz besonders vorsichtig sein.

Er geht nach links.

ÄMILIAN: Du willst die Kammerdiener rufen, Kaiser Romulus?

Sie stehen einander gegenüber. Ämilian feindlich und entschlossen, Romulus lächelnd.

ROMULUS: Wozu auch, Ämilian. Du weißt ja, daß sie um Mitternacht schlafen. Aber wir wollen doch meinem verwundeten Innenminister etwas zum Verbinden geben.

Er geht nach dem Schrank links im Vordergrund und öffnet ihn. Darin steht etwas gebückt Zeno, der Isaurier.

ROMULUS: Verzeih mir, Kaiser von Ostrom. Ich wußte nicht, daß du hier in meinem Wandschrank schläfst.

ZENO: O bitte. Ich bin dies durch das unstete Leben gewohnt, das ich seit meiner Flucht aus Konstantinopel führe.

ROMULUS: Deine Mühsale tun mir aufrichtig leid.

Zeno steigt aus dem Schrank, ebenfalls in einen schwarzen Mantel gehüllt, schaut sich verwundert um.

ZENO: Ja, ist denn noch jemand hier?

ROMULUS: Laß dich nicht stören. Sie sind ganz zufällig hereingekommen.

Er entnimmt dem Wandschrank aus einem oberen Tablar ein Tuch.

ROMULUS: Da ist noch einer drin.

ZENO: Mein Kämmerer Sulphurides.

Sulphurides steigt heraus, ein riesenlanger Kerl, ebenfalls in einen schwarzen Mantel gehüllt, der sich feierlich vor Romulus verbeugt. Romulus betrachtet ihn.

ROMULUS: Guten Abend. Du hättest für ihn gut den anderen Schrank nehmen können, kaiserlicher Bruder. Und wo hast du deinen Kämmerer Phosphoridos untergebracht?

ZENO: Er befindet sich noch unter deinem Bett, Kaiser Romulus.

ROMULUS: Er soll sich ja nicht genieren. Er darf ruhig hervorkriechen.

Phosphoridos, ein kleines Männchen, kriecht unter dem Bett des Kaisers hervor, ebenfalls in einen schwarzen Mantel gekleidet.

SULPHURIDES: Wir sind gekommen, Majestät...

PHOSPHORIDOS: Um die Klageverse vorzutragen,

SULPHURIDES: Die Majestät noch nicht gänzlich anzuhören das Vergnügen hatten.

ROMULUS: Bitte. Nur nicht in dieser stillen Mitternacht.

Romulus setzt sich wieder und gibt Tullius Rotundus das Tuch.

ROMULUS: Verbinde deine Wunde mit diesem Tuch, Innenminister. Blut ist mir unsympathisch.

Der Wandschrank rechts öffnet sich wie von selbst und polternd stürzt Spurius Titus Mamma der Länge nach auf den Boden.

ROMULUS: Ja, schläft denn der Sportler auch noch nicht?

SPURIUS TITUS MAMMA: Ich bin müde. Ich bin einfach todmüde.

Er erhebt sich wankend.

ROMULUS: Du hast deinen Dolch verloren, Spurius Titus Mamma.

Spurius Titus Mamma hebt den Dolch verstört auf und verbirgt ihn schleunigst unter seinem schwarzen Mantel.

SPURIUS TITUS MAMMA: Ich habe seit hundertzehn Stunden nicht mehr geschlafen.

ROMULUS: Wenn vielleicht noch jemand hier irgendwo anwesend ist, soll er doch bitte hervorkommen.

Unter dem Diwan links kriecht Mares hervor, gefolgt von einem Soldaten, beide ebenfalls in schwarzen Mänteln.

MARES: Verzeih, mein Kaiser. Ich möchte mit Dir über die totale Mobilmachung diskutieren.

ROMULUS: Und wen hast du zu dieser Diskussion mitgebracht, Reichsmarschall?

MARES: Meinen Adjutanten.

Da kriecht noch langsam unter dem Diwan des Kaisers der Koch mit seiner hohen weißen Mütze hervor, ebenfalls in einem schwarzen Mantel. Zum ersten Mal ist nun der Kaiser sichtbar erschüttert.

ROMULUS: Koch, auch du? Und mit dem Messer, womit du so unzählige Kaiser ermordet hast.   *

Der Koch tritt mit gesenktem Blick in die Reihe derer, die nun den Kaiser in einem Halbkreis umgeben.

ROMULUS: Ihr seid alle in Schwarz, wie ich bemerke. Ihr seid unter meinem Bett, unter meinem Diwan und aus meinen Schränken hervorgekrochen, ihr habt dort die halbe Nacht in den kompliziertesten und unbequemsten Stellungen verbracht. Wozu?

Tiefe Stille.

TULLIUS ROTUNDUS: Wir wollen dich sprechen, Kaiser von Rom.

ROMULUS: Der Kaiser wußte nicht, daß die Hofzeremonie denen, die ihn zu sprechen wünschen, turnerische Übungen vorschreibt.

Er steht auf und klingelt.

ROMULUS: Pyramus! Achilles!

Aus dem Hintergrund stürzen zitternd Achilles und Pyramus in Schlafrock und Zipfelmütze hervor.

ACHILLES: Mein Kaiser!

PYRAMUS: Majestät!

ROMULUS: Die Kaisertoga, Achilles, den Kaiserlorbeer, Pyramus!

Achilles legt ihm die Kaisertoga um die Schultern, Pyramus setzt ihm den Lorbeer auf.

ROMULUS: Den Tisch und den Wein hinaus, Achilles. Der Augenblick ist feierlich.

Achilles und Pyramus tragen den Tisch nach rechts.

ROMULUS: Geht jetzt wieder schlafen.

Pyramus und Achilles verbeugen sich und gehen aufs tiefste verwirrt und erschrocken durch die Mitte des Hintergrundes hinaus.

ROMULUS: Der Kaiser ist bereit, euch zu hören. Was habt ihr ihm zu sagen?

TULLIUS ROTUNDUS: Wir verlangen die Provinzen zurück.

MARES: Deine Legionen.

ÄMILIAN: Das Imperium.

Tiefe Stille.

ROMULUS: Der Kaiser ist euch keine Rechenschaft schuldig.

ÄMILIAN: Du bist Rom Rechenschaft schuldig.

ZENO: Du hast dich vor der Geschichte zu verantworten.

MARES: Du stütztest dich auf unsere Macht.

ROMULUS: Ich stütze mich nicht auf eure Macht. Wenn ich mit eurer Hilfe die Welt erobert hätte, wäret ihr berechtigt, so zu reden, aber ich habe eine Welt verloren, die ihr nicht gewonnen habt. Ich gab sie wie eine schlechte Münze aus meinen Händen. Ich bin frei. Ich habe mit euch nichts zu schaffen. Ihr seid nichts als Motten, die um mein Licht tanzen, nichts als Schatten, die untergehen, wenn ich nicht mehr scheine.

Die Verschwörer weichen vor ihm an die Wand zurück.

ROMULUS: Ich bin nur *einem* unter euch Rechenschaft schuldig und zu diesem einen werde ich nun sprechen. Komm zu mir, Ämilian.

Ämilian tritt langsam von rechts zu ihm.

ROMULUS: Ich kann nicht zu dir reden, als zu einem Offizier, der seine Ehre verlor. Ich bin ein Zivilist und habe die Offiziersehre nie begriffen. Aber ich will zu dir reden als zu einem Menschen, der Schweres erlitten hat und gefoltert wurde. Ich liebe dich wie einen Sohn, Ämilian. Ich will in dir das große, letzte Argument gegen den sehen, der sich wie ich nicht wehrt, den Menschen, der immer wieder geschändet wird, das tausendfach besudelte Opfer der Macht. Was forderst du von deinem Kaiser, Ämilian?

ÄMILIAN: Ich fordere eine Antwort von dir, Kaiser Romulus.

ROMULUS: Du sollst diese Antwort haben.

ÄMILIAN: Was hast du getan, damit dein Volk nicht in die Hand der Germanen fällt?

ROMULUS: Nichts.

ÄMILIAN: Was hast du getan, damit Rom nicht so geschändet wird wie ich?

ROMULUS: Nichts.

ÄMILIAN: Und wie willst du dich rechtfertigen? Du bist angeklagt, dein Reich verraten zu haben.

ROMULUS: Nicht ich habe mein Reich verraten, Rom hat sich selbst verraten. Es kannte die Wahrheit, aber es wählte die Gewalt, es kannte die Menschlichkeit, aber es wählte die Tyrannei. Es hat sich doppelt erniedrigt: Vor sich selbst und vor den anderen Völkern, die in seine Macht gegeben waren. Du stehst vor einem unsichtbaren Thron, Ämilian, vor dem Thron der römischen Kaiser, deren letzter ich bin. Soll ich deine Augen berühren, daß du diesen Thron siehst, diesen Berg aufgeschichteter Schädel, diese Ströme von Blut, die auf seinen Stufen dampfen, die ewigen Katarakte der römischen Macht? Was erwartest du für eine Antwort von der Spitze des Riesenbaus der römischen Geschichte herab? Was soll der Kaiser zu deinen Wunden sagen, thronend über den Kadavern der eigenen und der fremden Söhne, über Hekatomben von Opfern, die Kriege zu Roms Ehre und wilde Tiere zu Roms Vergnügen vor seine Füße schwemmten? Rom ist schwach geworden, eine taumelnde Greisin, doch seine Schuld ist nicht abgetragen und seine Verbrechen sind nicht getilgt. Über Nacht ist die Zeit angebrochen. Die Flüche seiner Opfer haben sich erfüllt. Der unnütze Baum wird gefällt. Die Axt ist an den Stamm gelegt. Die Germanen kommen. Wir haben fremdes Blut vergossen, nun müssen wir mit dem eigenen zurückzahlen. Wende dich nicht ab, Ämilian. Weiche nicht vor meiner Majestät zurück, die sich vor dir erhebt, mit der uralten Schuld unserer Geschichte übergossen, schrecklicher noch als dein Leib. Es geht um die Gerechtigkeit, auf die wir getrunken haben. Gib Antwort auf meine Frage: Haben wir noch das Recht, uns zu wehren? Haben wir noch das Recht, mehr zu sein als ein Opfer?

Ämilian schweigt.

ROMULUS: Du schweigst.

Ämilian geht langsam zu denen zurück, die im weiten Bogen den Kaiser umgeben.

ROMULUS: Du kehrst zu denen zurück, die in dieser Mitternacht wie Diebe zu mir geschlichen kamen. Wir wollen ehrlich sein. Zwischen uns sei keine Spanne Lüge und keine Handbreit Verstellung mehr. Ich weiß, was ihr unter euren schwarzen Mänteln verbergt, was für einen Griff eure Hand jetzt umklammert. Aber ihr habt euch geirrt. Ihr glaubtet zu einem Wehrlosen zu gehen, nun springe ich euch an mit den Tatzen der Wahrheit und packe euch mit den Zähnen der Gerechtigkeit. Nicht ich bin angegriffen, ich greife euch an, nicht ich bin angeklagt, ich klage euch an. Wehrt euch! Wißt ihr nicht, vor wem ihr steht? Ich habe wissentlich das Vaterland zu Grunde gerichtet, das ihr verteidigen wollt. Ich breche das Eis, auf dem ihr geht, ich lege Feuer an eure Wurzeln. Was klebt ihr stumm an den Wänden meines Zimmers, bleich wie der Wintermond? Es

66

gibt für euch nur eine Antwort. Tötet mich, wenn ihr glaubt, ich sei im Unrecht, oder ergebt euch den Germanen, wenn es die Wahrheit ist, daß wir kein Recht mehr haben, uns zu wehren. Antwortet mir.

Sie schweigen.

ROMULUS: Antwortet!

Da reißt Ämilian den Dolch hoch.

ÄMILIAN: Es lebe Rom!

Alle ziehen den Dolch und schreiten auf Romulus zu, der unbeweglich und gelassen sitzt, die Dolche über ihm vereinigen sich. Da ertönt aus dem Hintergrund ein riesenhafter unerhörter Schrei höchster Angst: «Die Germanen kommen!» Von einer Panik erfaßt, rast alles hinaus, durch die Fenster, durch die Türen. Unberührt sitzt der Kaiser da. Aus dem Hintergrund kommen bleich vor Entsetzen Pyramus und Achilles.

ROMULUS: Wo sind sie denn, die Germanen?

PYRAMUS: In Nola, Majestät.   *

ROMULUS: Was schreist du denn? Dann sind sie ja erst morgen hier. Ich will jetzt schlafen.

Er erhebt sich.

PYRAMUS: Sehr wohl, Majestät.

Er nimmt ihm die Kaisertoga, den Lorbeerkranz und den Schlafrock ab. Romulus geht zu Bett. Stutzt.

ROMULUS: Da liegt noch einer vor meinem Bett, Achilles.

Der Diener zündet mit dem Leuchter.

ACHILLES: Es ist Spurius Titus Mamma, Majestät. Er schnarcht.

ROMULUS: Gott sei Dank, jetzt schläft der Sportler endlich. Laß ihn nur liegen.

Er steigt über ihn ins Bett. Pyramus bläst die Lichter des Leuchters aus und geht mit Achilles im Dunkeln hinaus.

ROMULUS: Pyramus!

PYRAMUS: Mein Kaiser?

ROMULUS: Wenn dann die Germanen da sind, sollen sie hereinkommen.

DER MORGEN, DER DEN IDEN DES MÄRZ VIERHUNDERT-
*sechsundsiebzig folgt. Das Arbeitszimmer des Kaisers wie im ersten
Akt. Nur noch die Büste des Gründers der Stadt Rom, König Romulus, befindet sich an der Wand über der Türe im Hintergrund. Neben
der Türe stehen Achilles und Pyramus und erwarten den Kaiser.*

ACHILLES: Es ist ein schöner und erfrischender Morgen.

PYRAMUS: Ich kann gar nicht begreifen, daß an diesem Tag des
allgemeinen Untergangs die Sonne noch aufgegangen ist.

ACHILLES: Nicht einmal auf die Natur ist irgendein Verlaß
mehr.

Schweigen.

PYRAMUS: Sechzig Jahre haben wir unter elf Kaisern dem römischen Staat gedient. Ich finde es geschichtlich unverständlich,
daß er nun noch zu unseren Lebzeiten aufhört, zu existieren.

ACHILLES: Ich wasche meine Hände in Unschuld. Ich war immer ein vollkommener Kammerdiener.

PYRAMUS: Wir waren in jeder Hinsicht die einzig wirklich sta-
bilen Säulen des Kaisertums.

ACHILLES: Wenn wir abtreten, kann man sagen: Jetzt ist die
Antike zu Ende!

Schweigen.

PYRAMUS: Zu denken, daß eine Zeit kommt, wo man nicht einmal mehr Lateinisch und Griechisch spricht, sondern so unmögliche Sprachen wie dieses Germanisch!

ACHILLES: Sich vorzustellen, daß germanische Häuptlinge, Chinesen und Zulukaffer das Steuerruder der Weltpolitik in die Hand nehmen, deren Bildung nicht den tausendsten Teil der
* unsrigen beträgt! Arma virumque cano, ich kann den ganzen Vergil auswendig.

* PYRAMUS: Mehnin aeide thea, ich den Homer!

ACHILLES: Jedenfalls muß die Zeit, die nun anbricht, schauderhaft sein.

PYRAMUS: So richtiges dunkles Mittelalter. Ohne Pessimist sein zu wollen: Von der heutigen Katastrophe wird sich die Menschheit nie mehr erholen.

Romulus mit Kaisertoga und Lorbeerkranz tritt auf.

ACHILLES UND PYRAMUS: Salve Cäsar.

ROMULUS: Salve. Ich habe mich verspätet. Die unerwartete Häufung der Audienzen strengte mich an. Kaum daß ich diesen Morgen vor Schlaftrunkenheit über den Sportler zu steigen vermochte, der noch immer vor meinem Bette schnarcht. Ich habe in der letzten Nacht mehr regiert als in den zwanzig Jahren meiner Regierungszeit zusammen.

ACHILLES: Gewiß, Majestät.

ROMULUS: Es ist so merkwürdig still. So öde. Alles wie verlassen.

Schweigen.

ROMULUS: Wo ist mein Kind Rea?

Schweigen.

ACHILLES: Die Prinzessin –

PYRAMUS: Und Ämilian –

ACHILLES: Und die Kaiserin –

PYRAMUS: Der Innenminister, der Reichsmarschall, der Koch und all die andern –

Schweigen.

ROMULUS: Nun?

ACHILLES: Sind auf der Überfahrt nach Sizilien auf ihrem Floß ertrunken.

70

PYRAMUS: Ein Fischer brachte die Nachricht.

ACHILLES: Allein Zeno der Isaurier konnte sich auf dem **Kurs**schiff mit seinen Kämmerern nach Alexandrien retten.

Schweigen. Der Kaiser bleibt ruhig.

ROMULUS: Meine Tochter Rea und mein Sohn Ämilian.

Er betrachtet die beiden Kammerdiener.

ROMULUS: Ich sehe keine Tränen in euren Augen.

ACHILLES: Wir sind alt.

ROMULUS: Und ich muß sterben. Die Germanen werden mich töten. Noch heute. So kann mich kein Schmerz mehr treffen. Wer bald sterben muß, beweint nicht die Toten. Nie war ich gefaßter, nie war ich heiterer als nun, da alles vorüber ist. Das Morgenessen.

PYRAMUS: Das Frühstück?

ACHILLES: Aber die Germanen, Majestät, die Germanen dürften jeden Augenblick –

PYRAMUS: Und in Anbetracht der allgemeinen Reichstrauer.

ROMULUS: Unsinn. Es gibt kein Reich mehr, das trauern könnte, und ich selbst will untergehn, wie ich gelebt habe.

PYRAMUS: Sehr wohl, mein Kaiser.

Er setzt sich auf den Sessel in der Mitte des Vordergrundes. Pyramus trägt einen kleinen Tisch herbei, auf dem sich das für den Kaiser Übliche befindet. Der Kaiser betrachtet nachdenklich das Frühstücksgeschirr.

ROMULUS: Weshalb bringt ihr mir zu meinem letzten Morgenessen diesen schäbigen Blechteller, diese halbzerbrochene Schale?

PYRAMUS: Das Reichsservice hat die Kaiserin mitgenommen. Es gehörte ihrem Vater.

ACHILLES: Es liegt nun auf dem Meeresgrund.

ROMULUS: Tut nichts. Zu meiner Henkersmahlzeit schickt sich dieses alte Geschirr vielleicht auch besser.

Er klopft ein Ei auf.

ROMULUS: Augustus hat natürlich wieder nichts gelegt.

Pyramus sieht Achilles hilfeflehend an.

PYRAMUS: Nichts, mein Kaiser.

ROMULUS: Tiberius?

PYRAMUS: Die Julier nichts.

ROMULUS: Die Flavier?

PYRAMUS: Domitian. Doch von dem wünschen Majestät ausdrücklich nichts zu verspeisen.

ROMULUS: Von wem ist dieses Ei?

Er löffelt es aus.

PYRAMUS: Wie gewöhnlich von Marc Aurel.

ROMULUS: Hat sonst noch jemand gelegt?

PYRAMUS: Odoaker.

Er ist etwas geniert.

ROMULUS: Sieh mal.

PYRAMUS: Drei Eier, Majestät.

ROMULUS: Paßt auf, das Huhn wird heute Rekord legen.

Majestät trinkt Milch.

ROMULUS: Ihr seid so feierlich. Was liegt euch auf dem Herzen?

ACHILLES: Zwanzig Jahre haben wir jetzt eurer Majestät gedient.

PYRAMUS: Und vierzig Jahre den zehn Amtsvorgängern eurer Majestät.

ACHILLES: Sechzig Jahre haben wir die bitterste Armut auf uns genommen, dem Kaisertum zu dienen.

PYRAMUS: Jeder Droschkenkutscher ist besser bezahlt als ein kaiserlicher Kammerdiener. Das muß einmal gesagt sein, Majestät!

ROMULUS: Das gebe ich zu. Ihr müßt jedoch bedenken, daß ein Droschkenkutscher auch mehr einnimmt als ein Kaiser.

Pyramus sieht Achilles um Hilfe flehend an.

ACHILLES: Der Fabrikant Cäsar Rupf hat uns eine Stelle als Kammerdiener in seinem Hause zu Rom angeboten.

PYRAMUS: Viertausend Sesterzen im Jahr und drei Nachmittage frei in der Woche.

ACHILLES: Eine Stelle, in der wir Zeit hätten, unsere Memoiren zu schreiben.

ROMULUS: Die Bedingungen sind phantastisch. Ihr seid frei.

Er nimmt den Lorbeerkranz von seinem Haupt und gibt jedem ein Blatt.

ROMULUS: Die letzten zwei Blätter meines goldenen Kranzes. Dies ist gleichzeitig die letzte finanzielle Handlung meiner Regierung.

Man hört Kriegsgeschrei.

ROMULUS: Was ist denn das für ein Lärm?

ACHILLES: Die Germanen, Majestät! Die Germanen sind gekommen!

ROMULUS: Nun, dann werde ich sie eben empfangen müssen.

PYRAMUS: Wünschen Majestät vielleicht das Reichsschwert?

ROMULUS: Ist es denn noch nicht versetzt?

Pyramus sieht Achilles hilfeflehend an.

ACHILLES: Es hat es keine Pfandleihe nehmen wollen. Es ist rostig und die Reichsedelsteine haben Majestät selbst herausgeklaubt.

PYRAMUS: Soll ich es bringen?

ROMULUS: Reichsschwerter, mein lieber Pyramus, läßt man am besten in ihrem Winkel.

PYRAMUS: Sind Majestät serviert?

ROMULUS: Noch etwas Spargelwein.

Pyramus schenkt zitternd ein.

ROMULUS: Ihr könnt nun gehen. Der Kaiser braucht euch nicht mehr. Ihr waret immer tadellose Kammerdiener.

Die beiden ängstlich ab. Der Kaiser trinkt ein Gläschen Spargelwein. Von rechts kommt ein Germane. Er bewegt sich frei und unbekümmert. Er ist überlegen und hat außer den Hosen nichts Barbarisches an sich. Er sieht sich den Raum an, als ginge er durch ein Museum, macht etwa auch hin und wieder eine Notiz in ein Tagebuch, das er in diesem Fall aus einer Ledertasche nimmt. Er steckt in Hosen, trägt einen weiten leichten Rock, breiten Reisehut, alles ganz unkriegerisch, außer einem Schwert, das er sich umgürtet hat. Hinter ihm kommt ein junger Mann, in kriegerischer Uniform, die aber nichts Opernmäßiges haben darf. Der Germane erblickt wie zufällig unter anderen Gegenständen den Kaiser. Die beiden blicken sich verwundert an.

DER GERMANE: Ein Römer!

ROMULUS: Sei gegrüßt.

Der junge Germane zieht das Schwert.

DER JUNGE MANN: Stirb Römer!

DER GERMANE: Steck dein Schwert in die Scheide, Neffe.

DER JUNGE MANN: Jawohl, lieber Onkel.

DER GERMANE: Verzeih, Römer.

ROMULUS: Aber bitte. Du bist ein richtiger Germane?
Er sieht ihn zweifelnd an.

DER GERMANE: Uralten Geschlechts.

ROMULUS: Das kann ich gar nicht begreifen. Tacitus beschreibt euch als Menschen mit trotzigen, blauen Augen, rotblonden Haaren und barbarischen Riesenleibern und wenn ich dich sehe, würde ich dich eher für einen verkleideten byzantinischen Botaniker halten.

DER GERMANE: Auch die Römer habe ich mir ganz anders vorgestellt. Ich hörte immer von ihrer Tapferkeit und jetzt bist du der einzige, der nicht davongelaufen ist.

ROMULUS: Wir haben offenbar von den Rassen eine ganz falsche Vorstellung. Das sind wohl jetzt Hosen, die du da an den Beinen hast?

DER GERMANE: Gewiß.

ROMULUS: Das ist wirklich ein merkwürdiges Kleidungsstück. Wo knöpfst du es denn zu?

DER GERMANE: Vorne.

ROMULUS: Das ist aber praktisch.
Er trinkt Spargelwein.

DER GERMANE: Was trinkst du denn da?

ROMULUS: Spargelwein.

DER GERMANE: Darf ich den einmal versuchen?

ROMULUS: Selber gezogen.
Der Kaiser schenkt ihm ein. Der Germane trinkt, schüttelt sich.

DER GERMANE: Unmöglich! Dieses Getränk wird sich nicht mehr lange halten. Bier ist besser.
Der Germane setzt sich neben Romulus an den Tisch und zieht den Hut ab.

DER GERMANE: Ich muß dir zu der Venus gratulieren über dem Teich in deinem Park.

ROMULUS: Ist sie denn etwas Besonderes?

DER GERMANE: Ein echter Praxiteles.

ROMULUS: So ein Pech. Ich habe immer geglaubt, es sei eine wertlose Kopie und jetzt ist der Antiquar schon fort!

DER GERMANE: Erlaube mal.

Er untersucht das ausgelöffelte Ei.

DER GERMANE: Nicht schlecht.

ROMULUS: Du bist Hühnerzüchter?

DER GERMANE: Leidenschaftlich.

ROMULUS: Merkwürdig! Auch ich bin ein Hühnerzüchter!

DER GERMANE: Auch du?

ROMULUS: Auch ich.

DER GERMANE: Endlich ein Mensch, mit dem ich über meine Passion reden kann. Gehören die Hühner im Park dir?

ROMULUS: Mir. Eine brave Hausrasse. Aus Gallien importiert.

DER GERMANE: Legen die?

ROMULUS: Du zweifelst?

DER GERMANE: Sei ehrlich. Nach dem Ei zu schließen, mäßig.

ROMULUS: Nun gut. Sie legen immer weniger. Sie machen mir Sorgen, unter uns Hühnerzüchtern gesprochen. Nur eine Henne ist wirklich in Form.

DER GERMANE: Die Graue mit den gelben Tupfen?

ROMULUS: Wie kommst du darauf?

DER GERMANE: Weil ich dieses Huhn nach Italien bringen ließ. Ich wollte wissen, wie es sich im südlichen Klima hält.

ROMULUS: Ich kann dir nur gratulieren. Eine wirklich gute Rasse.

DER GERMANE: Selbstgezüchtet.

ROMULUS: Du scheinst ein Hühnerzüchter von Format zu sein.

DER GERMANE: Als Landesvater muß ich mich schließlich damit beschäftigen.

ROMULUS: Als Landesvater? Wer bist du denn eigentlich?

DER GERMANE: Ich bin Odoaker, der Fürst der Germanen.

ROMULUS: Es freut mich, dich kennenzulernen.

ODOAKER: Und du?

ROMULUS: Ich bin der Kaiser von Rom.

ODOAKER: Es freut mich ebenfalls, deine Bekanntschaft zu machen. Ich wußte zwar gleich, wen ich vor mir habe.

ROMULUS: Du hast es gewußt?

ODOAKER: Verzeih die Verstellung. Es ist etwas genierlich für zwei Feinde, sich auf einmal Auge in Auge gegenüber zu finden, und da hielt ich ein Gespräch über Hühnerzucht vorerst für nützlicher als eines über Politik. Darf ich dir meinen Neffen vorstellen. Verbeug dich, Neffe.

DER NEFFE: Jawohl, lieber Onkel.

ODOAKER: Laß uns allein, Neffe.

DER NEFFE: Sehr wohl, lieber Onkel.

Er geht hinaus. Schweigen. Die beiden sehen sich an.

ODOAKER: Du bist Romulus. Ich beschäftigte mich in Gedanken immer mit dir, all die Jahre.

ROMULUS: Und du bist Odoaker. Ich machte mir ein Bild von dir als meinem Feind – und nun bist du ein Hühnerzüchter wie ich.

ODOAKER: Nun ist der Augenblick, auf den ich jahrelang gewartet habe, gekommen.

Der Kaiser wischt sich mit der Serviette den Mund ab, erhebt sich.

ROMULUS: Du findest mich bereit.

ODOAKER: Bereit wozu?

ROMULUS: Zu sterben.

ODOAKER: Du erwartest deinen Tod?

ROMULUS: Es ist aller Welt bekannt, wie die Germanen mit ihren Gefangenen verfahren.

ODOAKER: Denkst du so oberflächlich von deinen Feinden, daß du dich nach dem Urteil aller Welt richtest, Kaiser Romulus?

ROMULUS: Was könntest du anderes vorhaben, als meinen Tod.

ODOAKER: Das sollst du sehen. Neffe!

Von rechts kommt der junge Mann.

DER NEFFE: Lieber Onkel?

ODOAKER: Verneig dich vor dem Kaiser von Rom, Neffe.

DER NEFFE: Jawohl, lieber Onkel.

Er verneigt sich.

ODOAKER: Tiefer, Neffe.

DER NEFFE: Sehr wohl, lieber Onkel.

ODOAKER: Wirf dich auf die Knie vor dem Kaiser von Rom.

DER NEFFE: Jawohl, lieber Onkel.

Er wirft sich auf die Knie.

ROMULUS: Was soll das heißen?

ODOAKER: Erhebe dich, Neffe.

DER NEFFE: Sehr wohl, lieber Onkel.

ODOAKER: Geh wieder hinaus, Neffe.

DER NEFFE: Jawohl, lieber Onkel.

Er geht hinaus.

ROMULUS: Ich verstehe nicht.

ODOAKER: Ich bin nicht gekommen, dich zu töten, Kaiser von Rom. Ich bin gekommen, mich mit meinem ganzen Volk dir zu unterwerfen.

Auch Odoaker kniet nieder. Romulus ist tödlich erschrocken.

ROMULUS: Das ist doch Wahnsinn!

ODOAKER: Auch ein Germane vermag sich von der Vernunft leiten zu lassen, Kaiser von Rom.

ROMULUS: Du spottest.

Odoaker erhebt sich wieder.

ODOAKER: Romulus, wir haben eben verständig miteinander über Hühner geredet. Ist es nicht möglich, ebenso verständig über unsere Völker zu reden?

ROMULUS: Rede.

ODOAKER: Darf ich mich wieder setzen?

ROMULUS: Du hast nicht zu fragen, du bist der Sieger.

ODOAKER: Du vergißt, daß ich mich dir eben unterworfen habe.

Schweigen.

ROMULUS: Setze dich.

Die beiden setzen sich, Romulus düster, Odoaker Romulus aufmerksam betrachtend.

ODOAKER: Du hast meinen Neffen gesehen. Er heißt Theoderich.   *

ROMULUS: Gewiß.

ODOAKER: Ein höflicher junger Mann. Jawohl, lieber Onkel, sehr wohl, lieber Onkel, so geht das den ganzen Tag. Sein Benehmen ist tadellos. Er verseucht mein Volk durch seinen Lebenswandel. Er rührt kein Mädchen an, trinkt nur Wasser und schläft auf dem Boden. Er übt sich täglich in Waffen. Auch jetzt, da er im Vorraum wartet, wird er turnen.

ROMULUS: Er ist eben ein Held.

ODOAKER: Er stellt das Ideal der Germanen dar. Er träumt von der Weltherrschaft und das Volk träumt mit ihm. So mußte ich diesen Feldzug unternehmen. Ich stand allein meinem Neffen, den Dichtern, der öffentlichen Meinung gegenüber und war gezwungen, nachzugeben. Ich hoffte, den Krieg human zu führen, der Widerstand der Römer war gering, doch je weiter ich gegen Süden stieß, desto größer wurden die Untaten meiner Armee, nicht, weil sie grausamer war als andere Armeen, sondern, weil *jeder* Krieg bestialisch ist. Ich war entsetzt. Ich versuchte, den Feldzug abzubrechen, ich war bereit, die Summe des Hosenfabrikanten anzunehmen, noch waren meine Feldhauptleute bestechlich, noch konnte ich die Dinge vielleicht nach meinem Willen lenken. Noch. Denn bald werde ich es nicht mehr können. Dann werden wir endgültig ein Volk der Helden geworden sein. Rette mich, Romulus, du bist meine einzige Hoffnung.

ROMULUS: Worauf?

ODOAKER: Mit meinem Leben davon zu kommen.

ROMULUS: Du bist bedroht?

ODOAKER: Noch ist mein Neffe zahm, noch ist er der höfliche
* Mann, aber einmal, in wenigen Jahren, wird er mich ermorden. Ich kenne die germanische Treue.

ROMULUS: Und deshalb willst du dich mir unterwerfen?

ODOAKER: Ein ganzes Leben lang suchte ich die wahre Größe des Menschen, nicht die falsche, nicht die Größe meines Neffen, den sie einmal Theoderich den Großen nennen werden, ich kenne die Geschichtsschreiber. Ich bin ein Bauer und hasse den Krieg. Ich suchte eine Menschlichkeit, die ich in den germanischen Urwäldern nicht finden konnte. Ich fand sie in dir, Kaiser Romulus. Dein Oberhofmeister Äbius hat dich durchschaut.

ROMULUS: Äbi befand sich in deinem Auftrag an meinem Hof?

ODOAKER: Er war mein Spion. Aber er berichtete mir Gutes. Von einem wahren Menschen, von einem gerechten Menschen, von Dir Romulus.

ROMULUS: Er hat dir von einem Narren berichtet, Odoaker. Ich legte mein ganzes Leben auf den Tag hin an, da das römische

Imperium zusammenbrechen würde. Ich gab mir das Recht, Roms Richter zu sein, weil ich bereit war, zu sterben. Ich verlangte von meinem Lande ein ungeheures Opfer, weil ich mich selbst als Opfer einsetzte. Ich ließ das Blut meines Volkes fließen, indem ich es wehrlos machte, weil ich selbst mein Blut vergießen wollte. Und nun soll ich leben. Und nun soll mein Opfer nicht angenommen werden. Und nun soll ich als der dastehen, der sich allein retten konnte. Und nicht nur das. Bevor du kamst, erhielt ich die Nachricht, daß die Tochter, die ich liebe, mit ihrem Bräutigam umgekommen ist. Samt meiner Frau und dem Hofe. Ich ertrug diese Nachricht mit Leichtigkeit, weil ich zu sterben glaubte, nun trifft sie mich unbarmherzig, nun widerlegt sie mich unbarmherzig. Es ist alles absurd geworden, was ich tat. Töte mich, Odoaker.

Schweigen.

ODOAKER: Du sprichst im Schmerz. Überwinde deine Trauer und nimm meine Unterwerfung an.

ROMULUS: Du fürchtest dich. Besiege deine Furcht und töte mich.

Schweigen.

ODOAKER: Du hast an dein Volk gedacht, Romulus, nun mußt du auch an deine Feinde denken. Wenn du nicht meine Unterwerfung annimmst, wenn wir zwei nicht gemeinsam vorgehen, wird die Welt an meinen Neffen fallen, und ein zweites Rom wird entstehen, ein germanisches Weltreich, ebenso vergänglich wie das römische, ebenso blutig. Die Zerstörung Roms, dein Werk, wird sinnlos geworden sein, wenn dies geschieht. Du kannst nicht deiner Größe ausweichen, Romulus, du bist der einzige Mann, der diese Welt zu regieren versteht. Sei gnädig, nimm meine Unterwerfung an, werde unser Kaiser, bewahre uns vor der blutigen Größe Theoderichs.

Schweigen.

ROMULUS: Ich kann nicht mehr, Germane. Auch wenn ich es möchte. Du hast mir die Berechtigung meines Handelns aus der Hand geschlagen.

ODOAKER: Dein letztes Wort?

Romulus kniet nieder.

ROMULUS: Töte mich! Ich bitte dich auf den Knien darum.

ODOAKER: Ich kann dich nicht zwingen, uns zu helfen. Das Unglück ist geschehen. Aber ich kann dich auch nicht töten. Weil ich dich liebe.

ROMULUS: Wenn du mich nicht töten willst, gibt es noch eine Lösung. Der einzige Mann, der mich noch zu ermorden trachtet, schläft vor meinem Bett. Ich gehe ihn wecken.

Er erhebt sich, ebenso Odoaker.

ODOAKER: Das ist keine Lösung, Romulus. Du bist verzweifelt. Dein Tod wäre sinnlos, denn einen Sinn könnte er nur haben, wenn die Welt so wäre, wie du sie dir vorgestellt hast. Sie ist nicht so. Auch dein Feind ist ein Mensch, der wie du recht handeln will. Du mußt dich nun in dein Schicksal fügen. Es gibt nichts anderes.

Schweigen.

ROMULUS: Setzen wir uns wieder.

ODOAKER: Es bleibt uns nichts anderes übrig.

ROMULUS: Was hast du mit mir vor?

ODOAKER: Ich werde dich pensionieren.

ROMULUS: Mich pensionieren?

ODOAKER: Der einzige Ausweg, den wir noch haben.

Schweigen.

ROMULUS: Die Pensionierung ist wohl das Entsetzlichste, was mir zustoßen könnte.

ODOAKER: Vergiß nicht, daß auch·ich vor dem Entsetzlichsten stehe. Du wirst mich zum König von Italien ausrufen müssen. Das wird der Anfang meines Endes sein, wenn ich jetzt nicht handle. So muß ich, ob ich will oder nicht, meine Herrschaft mit einem Morde beginnen.

Er zieht sein Schwert und will nach rechts.

ROMULUS: Was willst du?

ODOAKER: Meinen Neffen töten. Noch bin ich stärker als er.

ROMULUS: Nun bist du verzweifelt, Odoaker. Wenn du deinen Neffen tötest, werden dir nur tausend neue Theoderiche erstehen. Dein Volk denkt anders als du. Es will das Heldentum. Du vermagst es nicht zu ändern.

Schweigen.

ODOAKER: Setzen wir uns wieder. Wir sind in einem Teufels-
kreis gefangen.

Sie setzen sich wieder.

ROMULUS: Mein lieber Odoaker, ich wollte Schicksal spielen,
und du wolltest das deine vermeiden, nun ist es unser Schicksal geworden, gescheiterte Politiker darzustellen. Wir glaubten,
die Welt aus unseren Händen fallen lassen zu können, du dein
Germanien und ich mein Rom, nun müssen wir uns mit den
Trümmern beschäftigen. Die können wir nicht fallen lassen. Ich
richtete Rom hin, weil ich seine Vergangenheit fürchtete, du
Germanien, weil es dir vor seiner Zukunft grauste. Wir ließen
uns von zwei Gespenstern bestimmen, denn wir haben keine
Macht über das, was war und über das, was sein wird. Macht
haben wir nur über die Gegenwart, an die wir nicht gedacht
haben und an der wir nun beide scheitern. Ich muß sie nun in
der Pensionierung durchleben, eine Tochter, die ich liebte, einen
Sohn, eine Gattin, viele Unglückliche auf dem Gewissen.

ODOAKER: Und ich werde regieren müssen.

ROMULUS: Die Wirklichkeit hat unsere Ideen korrigiert.

ODOAKER: Aufs bitterste.

ROMULUS: Ertragen wir denn das Bittere. Versuche, Sinn in
den Unsinn zu legen, in diesen wenigen Jahren, die dir bleiben,
die Welt treu zu verwalten. Schenke den Germanen und Römern
Frieden. An deine Aufgabe denn, Fürst der Germanen! Herr-
sche nun du. Es werden einige Jahre sein, die die Weltgeschichte
vergessen wird, weil sie unheldische Jahre sein werden – aber sie
werden zu den glücklichsten Jahren dieser wirren Erde zählen.

ODOAKER: Und dann werde ich sterben müssen.

ROMULUS: Tröste dich. Dein Neffe wird auch mich töten. Er   *
wird nie verzeihen, daß er vor mir knien mußte.

ODOAKER: Gehen wir denn an unsere traurige Pflicht.

ROMULUS: Machen wir es schnell. Spielen wir noch einmal,
zum letzten Mal, Komödie. Tun wir so, als ginge die Rechnung
hienieden auf, als siegte der Geist über die Materie Mensch.

ODOAKER: Neffe!

Von rechts kommt der Neffe.

DER NEFFE: Lieber Onkel?

ODOAKER: Ruf die Feldhauptleute herein, Neffe.

DER NEFFE: Jawohl, lieber Onkel.

Er geht wieder nach rechts hinaus. Der Raum füllt sich mit vom langen Marsch ermüdeten und verdreckten Germanen an. Eintönige Leinenkleider, einfache Helme. Odoaker erhebt sich.

ODOAKER: Germanen! Verstaubt und müde von den langen Märschen, ausgeglüht von der Sonne, habt ihr nun euren Feldzug beendet. Ihr steht vor dem Kaiser von Rom. Erweist ihm die Ehre.

Die Germanen nehmen Achtungstellung an.

ODOAKER: Germanen! Diesen Mann habt ihr verlacht, und in den Liedern verspottet, die ihr auf den Landstraßen sanget, oder nachts am Lagerfeuer. Doch ich erfuhr seine Menschlichkeit. Nie sah ich einen größeren Menschen, und nie werdet ihr einen größeren sehen, wer auch immer mein Nachfolger sein wird. Ergreife nun das Wort, Kaiser von Rom.

ROMULUS: Der Kaiser löst sein Imperium auf. Seht euch diese farbige Kugel noch einmal an, diesen Traum von einem großen Imperium, der im freien Raum schwebt, getrieben vom leichten Hauch meiner Lippen, diese hingebreiteten Länder um das blaue Meer mit seinen tanzenden Delphinen, diese reichen Provinzen, gelb von Korn, diese wimmelnden Städte, überfließend an Leben, eine Sonne, die die Menschen erwärmte, und, als sie hochstand, die Welt verbrannte, um nun in den Händen des Kaisers, ein sanfter Ball, ins Nichts aufzugehen.

Andächtiges Schweigen. Die Germanen starren verwundert den Kaiser an, der sich erhebt.

ROMULUS: Ich ernenne den Feldherrn der Germanen, Odoaker, zum König von Italien!

DIE GERMANEN: Es lebe der König von Italien!

ODOAKER: Ich dagegen weise dem Kaiser von Rom die Villa des Lukull in Kampanien zu. Außerdem erhält er eine Pension von sechstausend Goldmünzen im Jahr.

ROMULUS: Die kaiserlichen Hungerjahre sind vorüber. Hier hast du den Lorbeerkranz und die Kaisertoga. Das Reichsschwert findest du bei den Gartengeräten und den Senat in den Katakomben Roms. Holt mir nun meinen Namensvetter von der

Wand, die Büste des Königs Romulus, des Gründers von Rom.

Ein Germane bringt die Büste.

ROMULUS: Danke schön.

Er nimmt die Büste unter den Arm.

ROMULUS: Ich verlasse dich nun, Fürst der Germanen. Ich trete meine Pensionierung an.

DIE GERMANEN: Es lebe Romulus der Große!

Aus dem Hintergrund stürzt Spurius Titus Mamma hervor, ein bloßes Schwert in den Händen.

SPURIUS TITUS MAMMA: Den Kaiser her! Ich will ihn töten!

Der König von Italien tritt ihm mit Würde gegenüber.

ODOAKER: Laß dein Schwert sinken, Präfekt. Den Kaiser gibt es nicht mehr.

SPURIUS TITUS MAMMA: Das Reich?

ODOAKER: Aufgelöst.

SPURIUS TITUS MAMMA: Dann hat der letzte kaiserliche Offizier den Untergang seines Vaterlandes verschlafen!

Spurius Titus Mamma sinkt dumpf und erschüttert auf den Sessel des Kaisers.

ROMULUS: Damit, meine Herren, hat das römische Imperium aufgehört zu existieren.

Der Kaiser geht langsam, gesenkten Hauptes, die Büste unter dem Arm, hinaus. Die Germanen stehen ehrfurchtsvoll.

Eine schwere Komödie, weil sie scheinbar leicht ist. Damit kann der Literaturbeflissene deutscher Sprache schon gar nichts anfangen. Stil ist, was feierlich tönt. So wird er im Romulus nichts als eine bloße Witzelei sehen und das Stück irgendwie zwischen Theo Lingen und Shaw an-   ✳
siedeln. Dieses Schicksal ist jedoch für Romulus nicht ganz so unpassend. Er spielte zwanzig Jahre den Hanswurst, und seine Umgebung kam nicht darauf, daß auch dieser Unsinn Methode hatte. Dies sollte   ✳
zu denken geben. Meine Figuren sind nur von der Gestalt her darzustellen. Dies gilt für den Schauspieler und für den Regisseur. Praktisch gesprochen: Wie soll etwa Ämilian dargestellt werden? Er ist tage-, vielleicht wochenlang marschiert, auf Schleichwegen, durch zerstörte Städte, und nun erreicht er das Haus des Kaisers, das er doch kennt, und nun fragt er: Die Villa des Kaisers in Campanien? Ist in diesem Satz nicht das ungläubige Erstaunen spürbar über den verhühnerten und heruntergekommenen Zustand der Villa, die doch die Residenz darstellt, wird die Frage rhetorisch wirken und auch, wenn er seine Geliebte frägt, bang und gebannt: Wer bist du? Er kennt sie wirklich nicht mehr, er hat sie wirklich vergessen, ahnt, daß er diesen Menschen einmal kannte, liebte. Ämilian ist die Gegengestalt zu Romulus. Sein Schicksal ist menschlich zu sehen, mit den Augen des Kaisers gleichsam, der hinter der Fassade der geschändeten Offiziersehre «das tausendfach besudelte Opfer der Macht» erspäht. Romulus nimmt Ämilian ernst, als den Menschen, der gefangen, gefoltert wurde, der unglücklich ist. Was er nicht akzeptiert, ist die Forderung: «Geh, nimm ein Messer», die Verschacherung der Geliebten, damit das Vaterland lebe. Menschlichkeit ist vom Schauspieler hinter jeder meiner Gestalten zu entdecken, sonst lassen sie sich gar nicht spielen. Dies gilt von allen meinen Stücken. Eine besondere zusätzliche Schwierigkeit jedoch ergibt sich noch für den Darsteller des Romulus selber. Ich meine die Schwierigkeit, die darin liegt, daß er dem Publikum nicht allzu schnell sympathisch erscheinen darf. Dies ist leicht gesagt und vielleicht fast nicht zu erreichen, doch als Taktik im Auge zu behalten. Das Wesen des Kaisers darf sich erst im dritten Akt enthüllen. Im ersten Akt muß der Ausspruch des Präfekten: «Rom hat einen schändlichen Kaiser», im zweiten jener Ämilians: «Dieser Kaiser muß weg», begreiflich

sein. Hält im dritten Akt Romulus Gericht über die Welt, hält im vierten die Welt Gericht über Romulus. Man sehe genau hin, was für einen Menschen ich gezeichnet habe, witzig, gelöst, human, gewiß, doch im Letzten ein Mensch, der mit äußerster Härte und Rücksichtslosigkeit vorgeht und nicht davor zurückschreckt, auch von andern Absolutheit zu verlangen, ein gefährlicher Bursche, der sich auf den Tod hin angelegt hat; das ist das Schreckliche dieses kaiserlichen Hühnerzüchters, dieses als Narren verkleideten Weltenrichters, dessen Tragik genau in der Komödie seines Endes, in der Pensionierung liegt, der dann aber – und nur dies macht ihn groß – die Einsicht und die Weisheit hat, auch sie zu akzeptieren.

Dürrenmatt

Notes

p.9. **Campanien:** The province of Campania, south of Rome on the Tyrrhenian Sea, where many wealthy Romans had their country seats.

p.10. **Pavia:** town in North Italy, on the confluence of the Ticino and the Po.

Orestes: commander-in-chief of the Roman army, a native of Pannonia. He was in fact the father of Romulus, whom he set up as emperor. He was killed after the battle of Pavia, in August A.D. 476.

p.11. **die Iden des März:** on the Ides of March 44 B.C., Julius Caesar was murdered.

p.12. **Sesterzen:** small Roman coins, about ¼ of a Denarus.

Die Julier: The Julian emperors, direct descendants of Julius Caesar, included Augustus, Tiberius, Caligula, Claudius, and Nero.

Die Flavier: The Flavian emperors were Vespasian, Titus, and Domitian.

p.13. **Marc Aurel:** Marcus Aurelius, emperor A.D. 161-180, a follower of the Stoic school of philosophy, like Romulus himself.

Caracalla: Roman emperor A.D. 211-217.

Philipus Arabs: Roman emperor A.D. 244-249.

Julius Nepos: Romulus's predecessor, who lived in exile in Dalmatia, where he was murdered in A.D. 480.

Odoaker: Born in Pannonia, he led the rebellion of the German mercenaries, the so-called *foederati*. After the deposition of Romulus, he became the first Germanic king of Italy.

p.14. **Man schlage ihn ... zum Ritter:** 'he shall be knighted'.

p.15. **gehen:** 'sell'.

87

p.16. **Julia:** There is no historical evidence that Romulus was married.

p.17. **Landesvater, Landesmutter:** terms of affection for the ruler and his wife.

p.18. **aus dem letzten Loch pfeift:** 'is at his last gasp'.

Gänse des Kapitols: in 390 B.C. the geese on the Capitol raised the alarm through their cackling, thus saving the city from the Gauls.

p.19. **Der . . . in germanische Gefangenschaft fiel:** in fact, Orestes was slain a few days after the battle of Pavia.

p.20. **Valentinianus:** Valentinian III, Roman emperor A.D. 425-455.

Zeno der Isaurier: Emperor of Byzantium A.D. 474-491, a native of Isauria, a mountainous region in Asia Minor. He was forced, between 475 and 477, to flee from a rebellion to his native country. There is no historical evidence that he sought refuge in Italy.

p.23. **Dalmatien:** the province of Dalmatia, on the eastern shore of the Adriatic, changed hands several times between the Western and Eastern Empires.

Meine Schwiegermutter Verina: widow of the emperor Leo I, whose daughter Ariadne Zeno had married. She was a powerful and scheming woman who took an active part in the rebellion of her brother Basiliscus against Zeno.

Dabei standest du . . . prächtig: 'yet you were on excellent terms with. . . .'

p.25. **Reichsmarschall:** no doubt an allusion to Hitler's 'Reichsmarschall' Hermann Göring.

p.26. **Das hat mir gerade noch gefehlt:** 'that's the last straw!'

Die totale Mobilmachung: another allusion to Nazi terminology: 'total mobilization' was ordered in the final phase of World War II.

p.27. **Patmos:** Greek island in the Aegean.

p.28. **Cäsar Rupf:** a witty combination of a Roman and a German name.

p.29. **geht . . . in die Binsen:** 'goes to the dogs'.

wenn auch dem hintersten Gemüt ein Kirchenlicht aufgegangen ist: 'when even the dimmest mind has come to realize'.

da kenne ich keine Flausen: 'no funny business over this'.

Schenken wir uns klares Wasser ein: 'Let's call a spade a spade'. The double metaphor of the sentence is untranslatable.

ACT II

p.35. **Weltuntergangszauber:** the word has a distinctly Wagnerian ring (cf. *Feuerzauber*—magic fire): 'end-of-the-world atmosphere'.

après nous le déluge: famous saying attributed to Louis XV.

p.37. **Das nennt sich Hühner:** 'Call those chickens!'

p.38. **Dienstmädchen aus Helvetien:** a witty allusion to the author's own country; Swiss housemaids are frequently employed abroad.

über den Haufen rennen: 'overrun'.

p.39. **Gottesfrieden:** a medieval term; 'peace of God'.

p.41. **Gottes Mühlen mahlen langsam:** proverb; 'the mills of God grind slowly'.

Seht, ihr, des Vaterlandes Bürger . . . This and the following quotations are from Antigone's speech in Sophocles' drama, as she is led away to her death.

p.42. **Hymenäen:** wedding songs. Hymen was the Greek god of marriage.

Acheron: river in the underworld.

mehr Schrei von innen heraus: in Phylax's language, the author satirizes the jargon of a modern literary producer. 'More inward passion'.

Ran an. . .: 'get right down to. . . .

p.45. **Hiobsbotschaft:** Hiob = Job; 'bad news'.

Via Appia: Roman road leading from Rome to the south.

Keinen Pappenstiel wert: 'not worth a straw'.

am eigenen Schopf herausziehen: in one of the stories of Baron von Münchhausen, the famous braggart pulls himself by his own hair out of a bog.

p.46. **springen lassen:** 'cough up'.

geht flöten: (coll.) 'is lost', 'goes to the dogs'.

ACT III

p.52. **Catull:** Catullus, Roman poet of the 1st century B.C.

p.54. **Die Tochter des Kaiser Valentinianus:** This relationship is purely fictitious.

p.55. **Julian:** Emperor A.D. 361-363, called 'the Apostate'.

Sohn eines bankrotten Patriziers: Romulus was in fact a son of the general Orestes.

in den zwanzig Jahren deiner Regierung: Romulus's reign lasted in fact only eleven months.

p.57. **Capua:** town in Southern Italy.

p.59. **Wermut:** wormwood, 'gall'.

p.63. **Koch, auch du?** Obviously an allusion to Caesar's famous 'Et tu, Brute?'

p.67. **Nola:** town in Campania.

ACT IV

p.70. **Arma virumque cano:** The first words of Virgil's *Aeneid*.

Mehnin aeide thea: Μῆνιν ἄειδε θεά—the first words of Homer's *Iliad*.

p.77. **Theoderich:** in fact, Theodoric (A.D. 454-526) was not a nephew of Odoacer but an Ostrogoth who had been sent as a hostage to Byzantium where he adopted the Roman way of life. Later he returned to his people and led them in several campaigns in the Balkan peninsula, partly against and partly in alliance with the Byzantine emperor Zeno. In 489, he invaded Italy and, after a prolonged siege of Ravenna, finally defeated Odoacer in A.D. 493.

p.78. **wird er mich ermorden:** Theodoric actually slew Odoacer with his own hands at his palace in Ravenna, in A.D. 493.

p.81. **Dein Neffe wird auch mich töten:** Nothing is known about the death of Romulus. He probably died at the villa of Lucullus assigned to him by Odoacer.

p.82. **die Villa des Lukull:** the so-called *Lucullanum*, built by Lucullus, the conqueror of Mithridates, in the 1st century B.C., was situated near Naples, at Cape Misenum.

p.85. **Theo Lingen:** present-day German comedian and author of light revues.

daß auch dieser Unsinn Methode hatte: an allusion to Polonius's words on Hamlet: 'Though this be madness, yet there is method in't'.

Vocabulary

abdanken, to abdicate, to resign

das Abendland, Western world

der Aberglaube, superstition

abgesehen von, apart from

sich abgewöhnen, to give up (a habit)

der Abgrund, abyss

abkommen, to come away, to give up

ablegen, to take off

abnehmen, to decrease, to weaken

abreisen, to leave, to depart

absacken (coll.), to sink

abschaffen, to abolish

absetzen, to depose

abstammen, to descend

abtragen, to pay off (debts)

abtreten, to quit

abwägen, to weigh up

die Abweichung, deviation

abwischen, to wipe (off)

abziehen, to clear out, to disperse

der Abzug, deduction

der Adel, nobility

die Ader, vein

der Adjutant, aide-de-camp

ahnen, to suspect, to surmise

allerhand (coll.), I say!, not bad!

die Altersversicherung, old age insurance

das Altertum, antiquity

der Amtsvorgänger, predecessor (in office)

in Anbetracht, in view of

anbrechen, to break, to dawn

andächtig, solemn

die Anfrage, enquiry

das Angebot, offer

die Angelegenheit, matter

der Angestellte, employee

anklagen, to accuse

anlegen, to lay out, to arrange

anmelden, to announce

annehmen, to assume

die Anordnung, order

anrühren, to touch

sich anschicken, to prepare for, to set about

ansiedeln, to settle, to place

anständig, decent, proper

anstoßen, to clink glasses, to toast

anstrengen, to tax one's energies

die Anstrengung, effort, strain

der Ansturm, assault

die Antike, antiquity

antreten, to enter upon

der Antritt, accession, commencement

anwesend, present

appellieren, to appeal

arg, bad

aufbrauchen, to use up

auffallen, to strike, to be conspicuous

auffordern, to summon, to ask

auflösen, to dissolve

aufmerksam, attentive

sich aufraffen, to pull oneself together

aufrichtig, honest, sincere

aufsagen, to recite

aufscheuchen, to startle, to scare away

aufschichten, to pile up

auftauchen, to emerge, to appear

auftischen, to dish up

der Auftrag, commission

auftreiben, to hunt up

ausdrücklich, expressly

die Ausgabe, expense
ausgehen (auf), to aim at
ausgerechnet, of all things
ausglühen, to scorch
aushalten, to stand, to bear
ausharren, to persevere
sich auskennen, to know one's way
auslöffeln, to spoon out
ausnahmsweise, exceptionally
ausplündern, to plunder, to sack
ausrüsten, to equip
der Ausspruch, pronouncement
der Ausverkauf, sale, sell-out
ausweichen, to evade
auswendig, by heart

bang, anxious
der Bankrott, bankruptcy
bannen, to cast a spell
der Bauch, belly
der Becher, cup, goblet
bedenken, to consider
bedeutend, important, great
die Bedeutung, importance, significance
die Bedingung, condition, term
befördern, to promote
begabt, gifted
begehen, to commit
begreifen, to grasp, to understand
begreiflich, comprehensible
begütigen, to pacify, to calm down
behaglich, comfortable
beherrschen, to master
das Beinkleid, trousers
beirren, to confuse, to disconcert
beizen, to sting, to corrode
bele'digen, to insult, to offend
sich berauschen, to get intoxicated
berechnen, to calculate
berechtigen, to justify

die Berechtigung, justification
die Berufsehre, professional honour
beruhen (auf), to be based on, to be due to
beschämen, to shame, to disgrace
besetzen, to occupy
besiegen, to conquer, to defeat
sich besinnen, to remember
besolden, to pay (salary)
die Besoldung, salary, pay
bestechlich, corruptible
bestehen (auf), to insist
die Bestie, beast, brute
die Bestürzung, consternation
besudeln, to soil
betragen, to amount to
betreffen, to concern
betreiben, to pursue, to carry on
bewahren, to protect
bewegen, to induce
die Bewilligung, permission
bewußt, conscious, aware
die Bezeichnung, term
bezweifeln, to doubt
bilden, to educate
bisweilen, sometimes
das Blech, tin
bloß, bare, naked
blutbespritzt, blood-spattered
der Blutverlust, loss of blood
blutverschmiert, blood-stained
der Bogen, arch, semicircle
die Botschaft, message
der Brandgeruch, smell of burning
die Brandschatzung, pillage, sack
braten, to roast
der Brauch, custom
der Bräutigam, bridegroom, fiancé
bräutlich, bridal
breiten, to spread
brüten, to brood, to breed

sich bücken, to stoop
bürgerlich, civil, civilian
die Büste, bust

die Chirurgie, surgery

der Damm, dam, dyke
dämmern, to dawn
dampfen, to smoke
darbringen, to offer
darstellen, to represent
der Darsteller, actor
davonkommen, to get away
der Delphin, dolphin
die Devise, motto, slogan
der Dienstmann, porter
die Differentialrechnung, differential calculus
der Dolch, dagger
dösen, to doze
dringend, urgent
der Droschkenkutscher, cabman
dumpf, gloomy
düpieren, to cheat, to let down
durchbrennen, to elope, to make off
durchdringen, to win through
das Durcheinander, confusion
durchkriechen, to crawl through
durchmachen, to go through, to suffer
durchmessen, to traverse
durchstehen, to last through, to outlast
düster, dark, gloomy

eben (coll.), that's just it
ebenfalls, also, likewise
der Efeu, ivy
die Ehe, marriage
der Ehrentitel, honorary title
ehrfurchtsvoll, respectful
der Ehrgeiz, ambition
ehrgeizig, ambitious
ehrwürdig, venerable
eigenartig, peculiar

der Eilbote, fast messenger
einbrechen, to break in, to invade
einfallen, to occur (to)
einführen, to introduce
einleuchten, to be clear, to be evident
einnehmen, to earn
einreißen, to pull down, to demolish
die Einrichtung, institution
einschenken, to pour out, to fill
einschläfern, to put to sleep
einsehen, to realize
einsetzen, to stake, to pledge
die Einsicht, insight
die Einstellung, attitude, view
eintönig, monotonous
eintreffen, to arrive
einwilligen, to agree, to assent
der Elan (Fr.), impetus, sweep
empört, indignant
endgültig, definite, final
der Endsieg, final victory
en gros (Fr.), wholesale
enorm, terrific
die Entbehrung, privation
entgegennehmen, to accept
entgegensetzen, to oppose
enthüllen, to reveal
entmutigen, to discourage
entnehmen, to take from
entschlossen, resolute
entsetzt, horrified
entstehen, to arise
entweichen, to escape
entwerfen, to draw up
der Erbe, heir
erbitten, to ask for
erfahren, to experience
erfassen, to seize, to lay hold on
sich ergeben, to surrender; to ensue
erhaben, august, sublime

94

sich erheben, to rise
erhellen, to light up
erklären, to declare
erleichtern, to relieve
die *Erleuchtung*, illumination, revelation
die *Ermordung*, assassination
ernennen, to nominate, to appoint
erneuern, to renew
erniedrigen, to debase
die *Erregung*, excitement
erschöpfen, to exhaust
erschüttern, to shake, to move deeply
die *Erschütterung*, emotion
erspähen, to descry
erstaunlich, astonishing, amazing
erteilen, to grant
erweisen, to show, to render
erzielen, to attain
exerzieren, to drill

der *Fabrikant*, manufacturer
das *Fahrzeug*, vehicle, means o transport
fällen, to fell
sich fassen, to control oneself
fassungslos, disconcerted, perplexed
faulenzen, to idle, to laze
die *Faulenzerei*, idleness
die *Faulheit*, laziness
das *Federvieh*, poultry
feierlich, solemn
die *Feldhauptleute*, captains, officers
der *Feldherr*, general, commander-in-chief
der *Feldzug*, campaign
felsenfest, rocklike, firm
feststellen, to establish, to confirm
der *Fetzen*, rag
fieberhaft, feverish

der *Finanzminister*, Chancellor of the Exchequer
die *Fläche*, plane, surface
die *Flause* (coll.), evasion, false pretence
der *Fleischer*, butcher
florieren, to flourish
das *Floß*, raft
der *Fluch*, curse
flüchten, to flee
foltern, to torture
fordern, to demand
die *Forderung*, demand
die *Formel*, formula
förmlich, properly, downright
freiwillig, voluntary
der *Frevel*, crime, outrage
der *Friseur*, hairdresser, barber
sich fügen, to submit
der *Funke*, spark
furchtlos, fearless
das *Futter*, fodder, feed
füttern, to feed

gackern, to cackle
die *Galeere*, galley
das *Gartengerät*, garden tool
gebären, to bear, to give birth
das *Gebilde*, structure, formation
das *Gedeck*, knife and fork, cover (at table)
gefährden, to endanger
gefaßt, composed
das *Geflügel*, fowl, poultry
die *Geflügelzucht*, poultry farming
das *Gegacker*, cackling
die *Gegengestalt*, opposite number, antagonist
die *Gegenleistung*, requital, return, "quid pro quo"
der *Gegensatz*, contrast
der *Gegenstand*, object
gegenwärtig (at) present
die *Geisteshaltung*, mental attitude

gelassen, calm, composed
gelöst, relaxed
gelten(für), to apply (to)
die Gemahlin, wife, spouse
gemeinsam, together
das Gemüt, mind, heart
genieren, to embarrass
genierlich, embarrassing, awkward
geraten, to get into
Gericht halten, to pass judgment
der Geschichtsschreiber, historian
die Geschicklichkeit, skill
das Geschlecht, family, clan
gesetzlich, legal
das Gespenst, ghost
gewachsen, equal to
gewähren, to grant
gewaltig, formidable
das Gewand, robe, garment
der Gipsabdruck, plaster cast
gläubig, believing, credulous
das Gleichnis, simile, symbol
gleichsam, as it were
die Gnade, mercy
gnädig, merciful
goldecht (coll.), quite genuine
grauenvoll, horrible
der Greis, old man
der Greuel, atrocity, horror
der Griff, hilt
großartig, grand, magnificent
die Größe, size, greatness, grandeur
der Größenwahn, megalomania
zu Grunde liegen, to be at the bottom of
der Gründer, founder
die Grundlage, foundation, base
gründlich, thoroughly

hager, haggard, lean
die Halbinsel, peninsula
der Handel, trade
handeln, to act

sich handeln (um), to be a question of
die Handlung, action
der Hanswurst, fool, clown, buffoon
der Hauch, breath
die Häufung, accumulation
der Häuptling, chieftain
das Heldentum, heroism
die Henkersmahlzeit, last meal before execution, farewell meal
die Henkerstätte, place of execution
heranrücken, to approach
herausklauben, to pick out
herstellen, to restore, to produce
der Hersteller, producer
herunterwirtschaften, to bring to ruin, mismanage
herunterkommen, to come down, to decay
hervorkriechen, to crawl out
die Hetäre, (Greek) courtesan
hinbreiten, to spread out
hinfallen, to fall down; to be untenable
die Hinsicht, respect, regard
hinsichtlich, with regard to, regarding
hinter, backward
der Hintergrund, background
hinterlassen, to bequeath
die Hinterlassenschaft, bequest
der Hofstaat, court
der Höhepunkt, climax
der Hühnerhof, poultry yard
die Hühnerzucht, chicken rearing
hüllen, to wrap, to envelop

der Inhaber, owner
der Innenminister, home secretary
inszenieren, to produce (in theatre)

die Invalidenversicherung, health insurance

der Jahrgang, vintage
jammern, to complain, to lament
jammerschade, a great pity
das Joch, yoke
der Jubel, jubilation, rejoicing
die Jubelfeier, jubilation, celebration
der Jungfernkranz, maiden or bridal wreath

der Kadaver, corpse
das Kaisertum, empire
der Kämmerer, chamberlain
die Kanzlei, office
die Kastanie, chestnut
käuflich, venal, purchasable
keuchen, to pant
das Kikeriki, cock-a-doodle-doo
das Klagelied, lament
kleben, to stick
klebrig, sticky
das Kleidungsstück, garment
das Kleingeld, small change
kleinlich, petty, trivial
klemmen, to squeeze
klipp und klar, quite clear
knapp, scarce, brief; just about
der Knochen, bone
der Knüttel, cudgel, club
der Konkurs, liquidation, bankruptcy
konzipieren, to conceive (a plan)
kostbar, precious
krachen, to crash, to crack
krepieren (coll.), to perish
das Kriegsgericht, court martial
der Kriegsgewinnler, war profiteer
krönen, to crown
der Krüppel, cripple

die Kugel, globe, sphere
kugelrund, spherical, rotund
kultivieren, to civilize
die Kundschaft, clientele
das Kunstgewerbe, art and craft
der Kunstgriff, trick
der Kunsthändler, art dealer
die Kupplerei, match-making, procuring
das Kursschiff, liner

der Landsknecht, mercenary
die Landwirtschaft, agriculture
langen, to suffice
lästig, troublesome, tedious
lauern, to lurk
lauter, nothing but
der Lebensbund, bond for life
der Lebenswandel, way of life
legen, to lay
der Leib, body
die Leibeigenschaft, bondage, serfdom
die Leibwache, bodyguard
leichtfertig, frivolous, flippant
das Leinen, linen
sich leisten, to afford
die. Leistung, achievement, exploit
lenken, to direct
der Leuchter, candlestick
literaturbeflissen, keen on literature
der Lobgesang, song of praise, panegyric
locken, to lure, to cluck
sich lohnen, to be worth while
der Lorbeer, laurel
der Lorbeerkranz, laurel wreath
der Luxus, luxury

machtbesessen, craving for power
der Magen, stomach
mager, lean
mahlen, to grind

majestätisch, majestical
der *Makler*, broker, agent
die *Manie*, mania
mästen, to feed, to fatten
melden, to announce
die *Menschlichkeit*, humaneness, humanity
die *Miete*, rent
mißtrauisch, distrustful, suspicious
mitnehmen, to tire out, to wear out
das *Mittel*, means
die *Mode*, fashion
das *Moos*, moss
die *Mördergrube*, murderers' den
morsch, rotten, decaying
die *Motte*, moth
die *Mühsal*, trouble, affliction
mühsam, with an effort
die *Münze*, coin

nachdenklich, thoughtful
der *Nachfolger*, successor
die *Nachfrage*, demand
nachgeben, to yield, to give in
nachsuchen (*um*), to apply
der *Namensvetter*, namesake
der *Narr*, fool
närrisch, foolish, crazy
die *Niederlage*, defeat
niederschlagen, to defeat, to crush
die *Not*, need, want
die *Notiz*, note
die *Notwendigkeit*, necessity
nüchtern, sober

oberflächlich, superficial
der *Oberhofmeister*, majordomo
öde, void, desolate
öffentlich, publicly
die *Offerte*, offer
opernmäßig, operatic
der *Orden*, order, medal

packen, to seize
die *Parole*, slogan, watchword
die *Parteilichkeit*, partiality
pathetisch, pompous, declamatory
die *Patsche* (coll.), defeat, reverse
die *Pein*, agony, torment
das *Pergament*, parchment
der *Personalmangel*, shortage of staff
die *Persönlichkeit*, personality, personage
die *Pfandleihe*, pawnshop
die *Pfanne*, pan
der *Pfeil*, arrow
das *Pflichtbewußtsein*, sense of duty
die *Pleite* (coll.) bankruptcy
pleite, bankrupt, broke
der *Pokal*, tankard, goblet
poltern, to rumble
prinzipiell, on principle
der *Prokurist*, head clerk
der *Provinzler*, provincial

die *Quelle*, source

sich *rächen*, to avenge oneself
rasen, to rush
das *Rasen*, raving, madness
rasieren, to shave
der *Rauchschwaden*, cloud or puff of smoke
der *Raum*, space
räumen, to evacuate
realisierbar, realizable, practicable
die *Rechenschaft*, account
rechnen, to reckon, to calculate
die *Rechnung*, calculation
rechtfertigen, to justify
die *Regel*, rule, regulation
regieren, to rule, to reign
der *Regisseur*, (theatrical) producer
die *Reife*, maturity, ripeness

die *Reiterei*, cavalry
rentieren, to pay, to be profitable
respektierlich, respectful
sich *richten* (*nach*), to go by
der *Riesenbau*, gigantic structure
riesenhaft, huge, tremendous
der *Rindsbraten*, roast joint
ritzen, to scratch, to graze
roh, crude
rostig, rusty
die *Rücksichtslosigkeit*, want of consideration, ruthlessness, recklessness
rühren, to stir, to move
der *Rummel* (coll.), rubbish
runzeln (*die Stirne*), to frown
sich *rüsten*, to arm
die *Rüstung*, armour
rütteln, to shake

die *Sackgasse*, cul-de-sac
sagenhaft, legendary
die *Sammlung*, collection
die *Säule*, column
schäbig, shabby
der *Schädel*, skull
schaffen, to create, to produce
die *Schale*, cup, bowl
schänden, to disgrace, to outrage
schändlich, disgraceful, outrageous
die *Schar*, crowd, flock
schauderhaft, horrible
schaufeln, to shovel
scheinbar, apparently, seemingly
die *Scheinwelt*, world of illusion
sich *schicken*, to be proper or appropriate
der *Schieber*, spiv, racketeer
schlachten, slaughter
der *Schlafrock*, dressing-gown
die *Schlaftrunkenheit*, drowsiness

das *Schlagwort*, slogan
schleichen, to sneak
der *Schleichweg*, secret path, by-way
schleierhaft, mysterious, inexplicable
schleppen, to drag
schleunig, quick, prompt
schlüpfen, to slip
die *Schmach*, shame, disgrace
schmachten, to languish
schmerbäuchig, potbellied
schmieren, to smear, to scribble
schnarchen, to snore
der *Schnitt*, cut, incision
der *Schopf*, tuft of hair
schriftlich, in writing
schuldig sein, to owe
schütteln, to shake
schweben, to hover, to float
der *Schweiß*, sweat
schwemmen, to rinse, to wash up
die *Schwiegermutter*, mother-in-law
seelisch, spiritual, mental
die *Sendung*, mission
senken, to lower
das *Service* (Fr.), set of crockery
servieren, to attend to, to wait on
das *Sinnbild*, symbol
die *Sitte*, moral, custom
die *Sklaverei*, slavery
die *Sklavin*, slave girl
die *Sohle*, sole
der *Söldner*, hired soldier, mercenary
der *Sonderfall*, special case
die *Spanne*, span
der *Spargel*, asparagus
der *Spion*, spy
das *Spitzenprodukt*, top quality product

der Sportler, sportsman
spotten, to mock
spürbar, to be felt
der Staatsdienst, civil service
die Staatskasse, treasury, exchequer
der Stamm, trunk
stammen, to originate, to spring (from)
die Stätte, place
stellenweise, in places
die Stellung, position
sterblich, mortal
das Sternenzelt, vault of stars
das Steuerruder, rudder, helm
im Stich lassen, to leave in the lurch, to let down
stimmen, to be right, to be correct
stöhnen, to groan
stolpern, to stumble
streiten, to quarrel, to dispute
die Strenge, strictness
streuen, to strew, to scatter
der Stuhl, chair, throne
stündlich, hourly
stürzen, to rush
stutzen, to start, to be startled
sündhaft, sinful, disgraceful

tadellos, irreproachable, faultless
das Tagebuch, diary
der Tagelöhner, day-labourer
die Tatsache, fact
die Tatze, paw
taugen, to be good (for)
taumeln, to stagger, to totter
täuschen, to deceive
die Tiefe, depth
tilgen, to cancel, to annul
totenbleich, deathly pale
trauen, to trust
die Trauer, grief, sorrow, mourning
trauern, to mourn

das Trauerspiel, tragedy
die Trauerstellung, attitude of mourning
traut, cosy, dear
trostlos, desolate
der Trottel, dunce, fool
trüben, to darken, to tarnish
der Trumpf, trump
die Tugend, virtue
turnen, to take physical exercise, to do gymnastics
turnerisch, gymnastic

sich üben, to practice, to train oneself
überbringen, to convey
die Übereinstimmung, agreement, concord
überfluten, to flood
übergießen, to pour over, to suffuse
überlegen, superior
übermütig, exuberant
die Übersicht, survey, perspective
übertreiben, to exaggerate
überwinden, to overcome, to surmount
üblich, customary
umfallen, to fall over
umfassend, comprehensive
umgürten, to strap round
umklammern, to clasp
umkommen, to perish
unablässig, unceasing, incessant
unangreifbar, unassailable
unannehmbar, inacceptable
unbarmherzig, pitiless
unbedingt, absolute(ly)
unbekümmert, unconcerned
unbeweglich, motionless, immobile
unbewein(e)t, unwept
unermeßlich, immeasurable, immense
unfehlbar, unfailing, infallible

ungeheuer, huge
ungeheuerlich, monstrous
ungläubig, incredulous
unheilvoll, fatal
unheimlich, uncanny, weird
das *Unkraut*, weeds
unkriegerisch, unwarlike, unsoldierly
unmäßig, immoderate
unnötigerweise, unnecessarily, needlessly
unnütz, useless
unpassend, unsuited, inappropriate
unrentabel, unprofitable
unsäglich, unspeakable, indescribable
unstet, unsteady, restless
die *Untat*, misdeed, crime
unterbringen, to lodge
unterdrücken, to suppress
die *Unterdrückung*, oppression
untermauern, to reinforce
das *Unternehmen*, enterprise
der *Unterricht*, instruction, lesson(s)
der *Untertan*, subject
unvernebelt, unbefogged, frank
unverständlich, unintelligible, incomprehensible
sich *unterwerfen*, to submit
die *Unterwerfung*, submission, subjugation
unwürdig, unworthy
unzählig, innumerable
üppig, luxurious, voluptuous, fat
die *Urenkelin*, great-granddaughter
das *Urteil*, judgment, verdict
der *Urwald*, primeval forest, jungle
der *Urzusammenhang*, basic connection

sich *verantworten*, to justify oneself, to answer (for)
verantwortlich, responsible
verärgert, angry, vexed
verarmen, to impoverish
der *Verband*, bandage
die *Verbeugung*, bow
die *Verbindung*, connection, alliance
verbinden, to bandage
verblüffen, to startle, to perplex
sich *verbünden*, to ally oneself
der *Verdacht*, suspicion
die *Verdächtigung*, accusation, incrimination
verderbt, corrupt
verdreckt, filthy, dirty
vereinigen, to unite
verenden, to die, to perish
verfahren, to act, to proceed
der *Verfall*, decline, disintegration
verfressen, gluttonous
verfügen, to dispose
die *Verfügung*, disposal
vergänglich, transient, transitory
vergewaltigen, to rape
vergießen, to shed
vergittern, to bar
verhallen, to fade away
das *Verhalten*, conduct
das *Verhältnis*, condition
verheimlichen, to keep secret
verhühnert, filled with chickens
verkleiden, to disguise
verlangen, to demand
der *Verlaß*, reliance
sich *verlassen* (*auf*), to rely
der *Verlauf*, course
verlegen (verb), to move, to transfer
verlegen (adj.) embarrassed
verleihen, to bestow, to endow
sich *verloben*, to get engaged

der Verlobte, betrothed, fiancé
verlottert, dissipated
sich vermählen, to get married
sich verneigen, to bow
die Vernunft, reason
  vernünftig, reasonable, sensible
veröffentlichen, to publish
verschachern, to sell, to hawk
die Verschacherung, hawking
verschicken, to dispatch
verschlafen, to sleep through
verschleiern, to conceal
verschmieren, to smear over, to
  scribble on
verschleudern, to squander
verschmutzen, to soil
verschütten, to spill, to bury
versetzen, to pawn
verspeisen, to eat, to consume
verseuchen, to contaminate
verständig, sensible
die Versteigerung, auction
versteinern, to petrify
die Verstellung, dissembling,
  pretence
verstört, disconcerted, perplexed
verstoßen, to reject, to expel
vertreiben, to drive out
verwandeln, to transform
verwirklichen, to realize
verwirren, to confuse
verwittern, to weather, to
  dilapidate
verzetteln, to label
sich verziehen, to disperse
vollkommen, complete, perfect
vollständig, complete
der Vordergrund, foreground
vorerst, first of all; for the
  time being
vorgehen, to proceed
vorhaben, to intend, to have
  in mind
vorkommen, to appear, to seem

vorliegend, existing, present
das Vorrecht, privilege
der Vorschlag, proposition
vorschreiben, to prescribe
der Vorschuß, advance (payment)
sich vorstellen, to imagine
die Vorstellung, conception
vortragen, to recite
vorwerfen, to reproach
das Vorzimmer, antechamber

wackelig, shaky, rickety
der Wahlspruch, motto
wahnsinnig, mad
der Wandschrank, wall cupboard
wanken, to totter
wehen, to blow
sich wehren, to defend oneself
wehrlos, defenceless
weisen, to show, to point
die Weisheit, wisdom
das Weltall, universe
die Weltherrschaft, world domi-
  nation
weltumstürzend, world-
  shaking
das Wesen, being; character,
  essence
widerspiegeln, to reflect
der Widerstand, resistance
die Willkür, arbitrariness, des-
  potism
wimmeln, to teem
die Wimper, eyelash
der Wink, hint
der Winkel, angle
wirkungslos, ineffective
wirtschaftlich, economic
wissentlich, knowingly
der Witz, wit, joke
die Witzelei, witticism
wuchtig, weighty, heavy
wünschenswert, desirable
die Würde, dignity
wursteln, to muddle

der Wust, chaos, confusion, jumble

zaghaft, timid
zahm, tame
zerbröckeln, to crumble
das Zeremoniell, ceremony, ritual
zerfallen, to dilapidate, to fall to pieces
zerlumpt, in rags
zerschneiden, to carve
zertreten, to tread under foot, to squash
der Zeuge, witness
zeugen, to testify
zielen, to aim
zierlich, dainty
die Zimperlichkeit, affectation, prudishness
die Zipfelmütze, tasselled night-cap
zitieren, to quote

zögern, to hesitate
zubereiten, to prepare
die Zucht, breeding, rearing
zucken, to twitch
der Zug, impulse, trend; draught
zugeben, to admit
zunehmen, to increase
zurückschrecken, to shrink
zurückweichen, to draw back
der Zusammenbruch, breakdown, collapse
die Zusammenfassung, gathering together
zusammenkrachen, to collapse
zusammenpacken, to pack up
der Zusammenprall, clash
zusammenstürzen, to collapse
zusätzlich, additional
zusprechen, to allot, to assign
zustoßen, to happen (to)
zuweisen, to assign
der Zweck, purpose, aim
zweifelhaft, dubious, doubtful
zwingen, to force, to compel

METHUEN'S TWENTIETH CENTURY GERMAN TEXTS